CHRISTOPH EMMELMANN

DER KLEINE
COACH

Schluss
mit frustig

Wie Sie sich zu mehr
Lebensfreude aktivieren

Das **Geschenk,** das **Leben** heißt Seite 64

Lebenslust statt **Lebensfrust** Seite 114

ERKENNEN

BENENNEN

AUSGLEICHEN

LOSLASSEN

Jammerstopp führt zu geballter Lebenslust

Leiden Sie auch so gern wie die meisten Menschen in unserem Kultur-
kreis? Denken Sie deswegen manchmal, dass etwas mit Ihnen nicht
stimmt? Da könnten Sie recht haben. Denn das Leben könnte so schön
sein …, wenn nur diese Jammerei nicht wäre. Aber die ist hartnäckig,
denn Jammern kann man sich genauso angewöhnen wie Naschen, Fernsehen, Rauchen, Nägelkauen und Faulenzen. Doch zum Glück lässt es sich
auch wieder abgewöhnen.

Wie das geht, zeige ich Ihnen in diesem Buch. Am Anfang steht ein Selbsttest, damit Sie erkennen, wie Sie überhaupt denken und fühlen. Dann
erfahren Sie mehr darüber, warum Sie so oft unglücklich sind, und benennen Ihre Krafträuber und -spender –, denn was einen Namen hat, das
kann man konkret angehen. Im nächsten Kapitel lernen Sie zahlreiche
Humortechniken kennen, mit deren Hilfe Sie aus dem vertrauten,
bequemen Jammertal herausfinden und das Glück in Ihr Leben zurückholen. Und zum Schluss erfahren Sie, wie Sie Sicherheit und Stagnation
los- und das Leben im Hier und Jetzt zulassen. Es tut nicht weh, verspro-
chen. Dafür tut es gut, denn Sie werden dabei eine Menge positiver
Gefühle entdecken, an die Sie vielleicht schon gar nicht mehr zu glauben

wagten. Doch die gibt es. Immer. In Ihnen. Wir werden sie zusammen neu oder wieder entdecken. Sie müssen nicht leiden! Sie können Ihr Denken, Ihre Vorstellungen, Ihre Einstellungen, Ihr Verhalten, Ihre Handlungen und Reaktionen verändern. Und somit Ihr Klagen und Leiden stoppen. Ja, es gibt ein Leben jenseits des Leidens, auch wenn Jammern so viel Spaß macht. Wirklich? Es muss einfach Spaß machen, sonst wären wir ja bescheuert, wenn wir es trotzdem dauernd tun würden, oder? Wir können aber auch auf andere Weise Spaß haben. Zum Beispiel durch eine humorvolle Lebenshaltung. Und auf einmal haben wir ein paar Sekunden oder Minuten vergessen zu jammern. Na, so was!

In Tausenden von Vorträgen und Seminaren habe ich immer wieder mit großer Freude erfahren dürfen, dass Humor eine erfolgreiche Strategie ist, das Jammern zu vergessen. Dabei bedeutet Humor viel mehr als Lachen. Humor zu zeigen, bedeutet auch mutig zu sein, seine Ängste zu überwinden, sich verletzlich zu machen und manchmal der geistigen und körperlichen Trägheit ein Schnippchen zu schlagen. Und viel mehr noch: diese in kraftvolles Wirken umzuwandeln. So ziehen viele gute und noch bessere Gefühle bei Ihnen ein. Sie tauschen Ihre übellaunigen Untermieter aus. Denn die zahlen keine Miete, die kosten nur Energie, diese Untermietergefühle, die Ihnen permanent Kraft nehmen. Leiden ade!

Im Englischen Garten in München treffen sich zwei alte Stammtischbrüder. »Hast du schon gehört«, fragt der eine den anderen, »morgen geht die Welt unter.«

»Ist mir wurscht«, erwidert der andere. »Morgen bin ich in Freising.«

Ich weiß nicht, wo Sie morgen sein werden. Aber bestimmt ist es ein Ort wie Freising, und dorthin möchte ich Sie gern gut gelaunt begleiten!

Ihr Christoph Emmelmann

Leiden Sie noch oder **leben** Sie schon?

Vom Wiederkäuer zum Gourmet des Lebens – erkennen Sie, wie Sie ticken.

SIE SIND DEN GEGENWÄRTIGEN ZUSTAND LEID? Sie haben es satt, ständig auf der Stelle zu treten wie so viele Menschen, die unzufrieden mit ihrem Leben sind? Es drängt Sie, sich selbst und andere von einer neuen Seite kennenzulernen? Ihr Privatleben und Ihre Arbeit lassen keinen Spielraum für ausgelassene Stimmung oder auch nur mal das Gefühl, entspannt durchatmen zu können? **Sie ertappen sich öfter beim Jammern und sind dann vielleicht sogar ärgerlich, wenn andere Ihnen vorwerfen, die Stimmung zu vermiesen?** »Ihr habt gut reden! Ich hab nichts zu lachen! Euch geht es ja gut!«

Und Ihnen? Warum geht es Ihnen nicht gut? Könnte es nicht einfach höchste Zeit sein, dass Sie aufhören, so zu denken wie bisher, so zu handeln wie bisher und sich so zu fühlen wie bisher? Wie denken Sie überhaupt? Wie fühlen Sie sich? **Um das herauszufinden, folgt nun auf der nächsten Seite ein kleiner Selbsttest.**

Erfahren Sie, ob Sie eher zu den Wiederkäuern oder zu den Gourmets zählen – ob Sie also Ihr Leben genießen, oder ob Sie überall immer nur das Schlechteste sehen und hören (wollen).

✓ TEST Erkennen Sie sich selbst

*Nehmen Sie zu **jeder** der folgenden Aussagen Stellung und entscheiden Sie, inwieweit diese auf Sie ganz persönlich zutrifft. Entscheiden Sie sich klar für Ja oder Nein, »vielleicht« oder »manchmal« gilt nicht!*

Ich bin nach dem Essen oft müde. **Ja** **Nein**

Es fällt mir schwer, regelmäßig für ausreichende Bewegung zu sorgen. **Ja** **Nein**

Ich widme dem Fernsehen mehr Zeit als meiner Gesundheit. **Ja** **Nein**

Auf dem Weg zur Arbeit schaue ich so abwesend und ernst aus wie die meisten meiner Mitmenschen. **Ja** **Nein**

Ich wälze mehr Probleme, als Lösungen zu suchen. **Ja** **Nein**

Ich unterdrücke öfter meine Lebensenergie mit Konsummitteln wie zu viel Fernsehen oder Essen **Ja** **Nein**

Mein Körper fühlt sich im Tagesverlauf öfter angespannt als entspannt an. **Ja** **Nein**

Beim Essen beschäftige ich mich meistens mit etwas anderem. Ich lese, rede oder telefoniere und esse irgendwie nebenbei. **Ja** **Nein**

Morgens unter der Dusche denke ich schon an den vor mir liegenden Arbeitstag, anstatt die Erfrischung zu genießen. **Ja** **Nein**

Es käme mir nicht in den Sinn, über meine Verhaltensweisen oder Gedanken zu lachen. **Ja** **Nein**

Den Herausforderungen des Lebens kann ich nur selten humorvolle Aspekte abgewinnen. **Ja** **Nein**

Ich habe keinen Spaß im Umgang mit Menschen aus anderen Kulturen. **Ja** **Nein**

Ich denke, man sollte das Leben sehr ernst nehmen. **Ja** **Nein**

Solange ich die Ziele, die ich mir gesteckt habe, nicht erreiche, bin ich nicht glücklich. **Ja** **Nein**

Am Wochenende erlebe ich mehr Spaß und Freude als unter der Woche. **Ja** **Nein**

Ich verstehe Menschen, die Wert auf Regeln, Förmlichkeit und Anpassung legen. **Ja** **Nein**

Ich lobe mich eigentlich nie selbst. **Ja** **Nein**

Wenn jemand witzig auf eine Schwäche von mir anspielt, fühle ich mich persönlich angegriffen. **Ja** **Nein**

Ich fühle mich nur gut, wenn in meinem Umfeld Harmonie herrscht. **Ja** **Nein**

Ob es mir gut oder schlecht geht, hängt oft von anderen Menschen ab. **Ja** **Nein**

Ich stelle Bedingungen an das Leben. **Ja** **Nein**

Im Gespräch mit anderen Menschen überlege ich mir manchmal, während sie noch reden, was ich erwidern könnte, um besser als sie dazustehen. **Ja** **Nein**

Ich stehe meistens unter Termindruck. **Ja** **Nein**

Wenn ich irgendwo warten muss, ärgere ich mich. **Ja** **Nein**

Morgens komme ich nur schwer aus dem Bett. **Ja** **Nein**

Wenn ich an meinen Job denke, fühle ich mich richtig ausgelaugt. **Ja** **Nein**

Wenn ich mit meinem Partner/meiner Partnerin einen Konflikt habe, trennen wir uns danach oft im Streit. **Ja** **Nein**

Ungute Gefühle trage ich oft tagelang mit mir herum. **Ja** **Nein**

Obwohl ich es nicht will, gibt es Dinge, die ich nur tue, weil meine Eltern sie für richtig halten. **Ja** **Nein**

Wie sieht Ihr Ergebnis aus? Die Auswertung

Zählen Sie nun zusammen, wie oft Sie Ja oder Nein angekreuzt haben. Je öfter Sie Ja gewählt haben, umso mehr entsprechen Sie dem Typ »Wiederkäuer«. Je mehr »Neins« Sie haben, umso klarer sind Sie der Typ »Gourmet«.

Typ Wiederkäuer

Im Tierreich bezeichnet man als Wiederkäuer solche Tiere, die in Ruhephasen ihre Nahrung wieder hochwürgen und sie dann noch einmal kauen, ehe sie verdaut wird. Auf uns Menschen übertragen heißt das: Wir beschäftigen uns zu häufig mit ollen Kamellen. Ich glaube, dass wir viel zu viel Zeit zum Denken haben. Wenn Sie sich bei den Wiederkäuern einordnen, können Sie ein Lied davon singen ... oder kauen. Der Typ Wiederkäuer hält sich selten in der Gegenwart auf. Sein Revier ist die Vergangenheit, und jegliche dort erfahrene Kränkung oder unglückliche Begebenheit wird immer wieder durchgespielt. Doch der Wiederkäuer schafft es sogar, die Zukunft, die noch gar nicht geschehen ist, wiederkäuend vorwegzunehmen, indem er sie sich, mit seinen schlimmsten Befürchtungen geschmückt, immer wieder rabenschwarz ausmalt. Frustriert trottet er abends in seinen Stall.

Typ Gourmet

Der Gourmet sucht immer etwas Neues. Aktiv und kreativ ist er mit offenen Sinnen unterwegs, um die Welt zu entdecken. Er setzt sich ausschließlich mit dem Hier und Jetzt auseinander. Er achtet darauf, nur die Dinge an sich heranzulassen, die ihm ein gutes Gefühl vermitteln. Gefahr: Die ständige Suche nach neuen Erfahrungen kann sich zu einer Sucht entwickeln, wenn er dabei den Blick für die Dinge verliert, die sich bewährt haben.

Die meisten Menschen sind Wiederkäuer ...

... weil sie sich daran gewöhnt haben. Woran wir gewöhnt sind, das nehmen wir einfach so hin, sogar wenn es uns im tiefsten Inneren langweilt. Damit erschweren wir Veränderung: Sie würde unsere Gewohnheit stören. Dabei macht Gewohnheit das Leben oft reizlos, was man deutlich an vielen langjährigen Beziehungen erkennen kann. Studien belegen, dass Partner im Durchschnitt immer weniger miteinander reden, je länger sie zusammen sind. Klar gibt es auch positive Gewohnheiten, wie etwa regelmäßig gemeinsam zu laufen, oder liebevolle Rituale, die für Stabilität sorgen, wie beispielsweise der morgendliche Abschiedskuss. Doch hier sind vor allem die Gewohnheiten gemeint, die uns erstarren lassen.

Eine Gewohnheit besteht aus den immer gleichen
- Einstellungen (zum Beispiel einer Partei anzugehören, obwohl die eigenen Interessen gar nicht mehr von ihr vertreten werden)
- Vorstellungen (zum Beispiel: »der Arbeitsplatz muss sicher sein«)
- Denkmustern (zum Beispiel: »meine Nachbarin ist wahnsinnig unsympathisch.«)
- Verhaltensmustern (zum Beispiel immer zu spät ins Bett zu gehen, zu spät aufzustehen und sich dann abzuhetzen.)
- Handlungsmustern (zum Beispiel immer wieder Schulden zu machen.)
- Reaktionsmustern (zum Beispiel immer sauer zu sein, wenn der Arbeitskollege, den man nicht mag, vom Chef gelobt wird)

Übung: Jammerstopp

Egal, wo Sie gerade sind, ob zu Hause oder in der U-Bahn – hiermit verordne ich Ihnen, sechzig Sekunden lang mit dem Jammern aufzuhören. Gehen Sie zum Spiegel, lächeln Sie sich an und sagen Sie es. Laut und deutlich: »Jammerstopp!«

Oh? Sie haben keinen Spiegel in der Nähe? Schon gar nicht in der U-Bahn? Was tun? Jammerstopp sagen! Und lächeln!

sechzig Sekunden können sehr lang sein. Oder kurz? Wenn Sie noch Freude daran haben, dann gehen Sie in die Verlängerung! Ein Jammerstopp kann gar nicht lang genug sein!

Eselsweisheit

In einem Experiment wurde deutlich, dass sich die Entfaltung des gesamten geistigen, körperlichen und seelischen Potenzials auch im Gehirn zeigt – in diesem speziellen Fall im Eselsgehirn. Doch das ist manchmal gar nicht so weit weg von unserem, will es mir scheinen. In dem Experiment wurden Wildesel mit Hauseseln verglichen. Während Erstere für ihre Existenz selbst verantwortlich sind, werden Hausesel nicht nur gefüttert, sondern stehen auch gut geschützt vor schlechter Witterung in einem Stall. Keine Frage, dass es den Hauseseln besser geht? Irrtum! Die Wildesel haben im Durchschnitt ein doppelt so großes Gehirn wie ihre domestizierten Artgenossen. Fehlende Herausforderungen lähmen. Eigentlich logisch, oder?

● Steckt in Ihnen eher ein Haus- oder ein Wildesel?

● Wie viel Lust haben Sie auf die Eroberung Ihres Potenzials?

● Wie viel Mut haben Sie, das Leiden zu beenden?

Machine Sie die Übung Jammerstopp möglichst oft, denn sie hilft Ihnen, Ihre alten Muster zu durchbrechen, um bewusst neue Wege zu gehen. Viele Menschen wiederholen leider die immer gleichen Muster, genauso wie der Stallesel.

Ein Beispiel

Eines Morgens hatten alle S-Bahnen durch einen Brand Verspätung, und es war schnell klar, dass wir alle zu spät in die Arbeit kommen würden. Ich sah um mich herum keinen einzigen Menschen, der entspannte und freundliche Gesichtszüge hatte. Im Gegenteil, die Leute waren alle genervt und aggressiv. Wenn in unserem Leben etwas Unerwartetes passiert, führt das anscheinend zu einem sehr negativen Verhalten. Der Mensch ist ein Negativdenker. Das ist noch verständlich. Was dann aber am nächsten Morgen in der S-Bahn passierte, machte mich sprachlos. Obwohl die Bahn wieder pünktlich fuhr und die Menschen rechtzeitig zur Arbeit kamen, wurde rings um mich her erbittert über den gestrigen Brand geschimpft und das Zuspätkommen noch einmal in Länge und Breite angeprangert.

Lassen Sie sich von so etwas nicht anstecken, sondern probieren Sie wie der Wildesel neue Wege aus. Stellen Sie sich abwechselnd zur Jammerstopp-Übung vor Ihrem inneren Auge ein Stoppschild vor, wie es im Straßenverkehr steht. Immer wenn Sie sich gleich verhalten und Gefahr laufen, sich durch negatives Verhalten anderer anstecken zu lassen, denken Sie an das Schild und gehen Ihren eigenen Weg. Ich war zum Beispiel in der S-Bahn entspannt und fröhlich, obwohl ich zu spät kam. Das Leben hält eben immer Überraschungen bereit. »Kein Ereignis dieser Welt hat irgendeine Macht über mich außer der, die ich ihm in meinen Gedanken gebe«, sagt der amerikanische NLP-Trainer Anthony Robbins. Also, in Zukunft Gourmet sein und Stoppschild einsetzen!

Werden Sie - **fremdgesteuert** oder fahren Sie schon **selbst?**

Wenn Sie Ihre Gefühle wahrnehmen, können Sie sie auch benennen: Sobald ein Problem einen konkreten Namen hat, lässt es sich leichter angehen.

VIELE MENSCHEN SIND SICH IHRER GEFÜHLE NICHT BEWUSST. Sie bemerken gar nicht, dass sie ihre Gefühle nicht selbst steuern, sondern dass diese von ihrem Umfeld beeinflusst werden. Je nachdem, in welche Richtung das Umfeld die Gefühle steuert, fühlen sie sich gut oder schlecht, wobei Letzteres oft dazu führt, dass sie ein Verhalten an den Tag legen, mit dem sie sich nicht nur das eigene Leben schwer machen, sondern auch das ihrer Mitmenschen.

Ein bewusster Mensch kann seine Gefühle wahrnehmen und in die gewünschte Richtung lenken. Er ist kein Spielball des Lebens. Er ist unabhängig von seinem Umfeld. Er macht die Dinge so, wie er sie für richtig hält, nicht wie andere sie seiner Meinung nach für richtig halten. Er ergreift den Beruf, den er sich selbst ausgesucht hat, nicht den, den andere gut finden. Er hat den Mut, zu seiner Meinung zu stehen, auch wenn sie nicht der von anderen entspricht. Er kann Nein sagen. Sein Autopilot ist ausgeschaltet.

Wie sieht es bei Ihnen aus? Sind Sie mit Autopilot unterwegs oder sitzen Sie aktiv am Steuer Ihres Lebens?

Vom Opfer zum Gestalter des Lebens

Sie haben im Selbsttest vermutlich erkannt, dass Sie sehr viel vom Wiederkäuer in sich tragen und sich dringend etwas ändern muss. Nur wie? Ein erster Schritt ist, dass Sie sich eines seiner typischsten Merkmale bewusst machen: die Opferhaltung.

Die Opfer

Die typischen Opfermenschen glauben, dass das, was sie denken, tun und fühlen, vollkommen richtig ist und dass sie lediglich von ihrer Umwelt missverstanden werden. Sie reagieren meist nur (siehe auch Aktion und Reaktion ab Seite 55). Sehr gern bezeichnen sie sich selbst auch als Opfer der Umstände: Sie können nie etwas dafür, sie trifft keine Schuld. Verantwortlich sind vielmehr die anderen. Oder die Rahmenbedingungen. Da sie der Überzeugung sind, immer alles völlig richtig zu machen, brauchen sie sich natürlich auch nicht zu ändern. Und so nehmen sie sich die Chance, sich persönlich weiterzuentwickeln.

Die Gestalter

Im Gegensatz zu Opfern reagieren Gestalter nicht, sie agieren – ein Merkmal, das eindeutig auf den Typ Gourmet zutrifft. Wer sich als Gestalter seiner Lebensgeschicke versteht, steuert aktiv, was geschehen soll. Ein Gestalter sucht die Schuld nicht bei anderen. Er weiß, dass er selbst verantwortlich ist für die Dinge, die ihm widerfahren, und er übernimmt diese Verantwortung gern, da sie ihn im Gegenzug auch bereichern, indem sie ihm neue Erfahrungen bringen und das Leben spannender machen.
Wer sich als Gestalter seines Lebens begreift, weiß, dass er sich auf sich selbst verlassen kann und es ganz allein in seinen Händen liegt, wie sein Leben verläuft.

> *»Mensch sein heißt verantwortlich sein.«*
>
> Antoine de Saint-Exupéry

Ein Beispiel

Wie würde ein Opfer, wie eine Gestalterin über ihre Lebenssituation und die Zukunft ihrer Kinder sprechen, welche Aussagen wären wohl typisch? Stellen Sie sich vor, zwei Damen treffen sich beim Friseur. Die Opferdame ist gleich an ihrer angespannten Art zu erkennen, sie wirkt insgesamt sehr unzufrieden mit sich und der Welt. Sie trifft Aussagen wie: »Die Schulen verlangen immer mehr von den Kindern, wer soll denn da noch mitkommen? Die Zeiten sind einfach schlecht. Den Leuten sitzt das Geld nicht mehr so locker in der Tasche. Die Unterstützungen im Ausbildungsbereich sind deshalb auch nicht mehr das, was sie mal waren.« Die Gestalterdame macht dagegen einen humorvollen, sonnigen und ausgeglichenen Eindruck. Von ihr kommen Sätze wie: »Es gibt ganz wunderbare neue Angebote und neue Fachrichtungen im Fortbildungsbereich. Heute Abend gehen wir zu einer Informationsveranstaltung. Meine Jungs bessern ihr Taschengeld mit Nachhilfe auf. In meiner Freizeit widme ich mich meinem Hobby, dem Malen. Ganz klar: Die Opferdame macht die Rahmenbedingungen für sämtliche (echten wie scheinbaren) Schwierigkeiten verantwortlich, während die Gestalterdame gar keine Schwierigkeiten sieht, sondern ausschließlich Erfolge, die sie auf sich selbst und ihre Mitmenschen zurückführt.

Die Opferfrage: Wer ist schuld?

Wenn ein Mensch sich als Opfer erlebt, landet er früher oder später in einem Gefühl der Ohnmacht,

das in einer Art von Untergangsstimmung mündet. Es ist sehr
schwierig, diesen Teufelskreis zu
verlassen, wenn die Schuldigen
(und somit Verantwortlichen) jenseits der eigenen Möglichkeiten
gesucht werden. Wenn ich nichts
dafür kann, dann kann ich auch
nichts ändern. Der eigene Handlungsspielraum wird immer kleiner, was sich am Jammerpegel ablesen lässt. Je lauter und länger
gejammert wird, desto schneller
schrumpft der Handlungsspielraum. **Die Frage nach dem Warum
ist ein Kennzeichen der Passivität.**
Die Möglichkeit zu handeln wird
von vornherein ausgeschlossen. Sie
existiert gar nicht mehr. Die Frage
nach dem Warum dominiert alles.
Nur sie steht im Fokus der Aufmerksamkeit.

● Warum ist mein Partner zur-
zeit so mies drauf und hat zu nichts
Lust, obwohl ich so gern ins Kino
gehen würde?

● Warum ist das Wetter heute
bloß wieder so schlecht?

● Warum wird im Job die neue
Abteilung aufgelöst, obwohl ich
erst vor zwei Jahren versetzt wurde
und mich so gut eingelebt habe?

● Warum kommen die Schwiegereltern heute schon wieder zum
Essen? Mir graut schon, wenn ich
an das letzte Mal denke.

● Warum ist das Benzin wieder
so teuer? Das verstehe ich nicht.

Die Gestalterantwort: Was kann ich tun?

Sobald wir uns auf unsere Hand-
lungsmöglichkeiten konzentrieren,
unterbrechen wir den Teufelskreis
der Passivität und nehmen Einfluss.
Je aktiver wir handeln und uns auf
den eigenen Einflussbereich fokus-
sieren, desto aktiver gestaltet sich
unsere Umwelt und umso stärker
entwickelt sich unser Einflussbereich. **Gestalter bleiben nicht beim
Warum stecken, sie fragen aktiv:
Was kann ich tun?** Sie verharren
nicht bei Problemen, sondern sie
finden Lösungen:

● Mein Partner braucht mal eine Auszeit. Heute werde ich mit ihm sprechen und ihm Vorschläge unterbreiten, wie wir unsere Beziehung verbessern können.

● Ich genieße das Wetter, wie es ist, und gehe heute in die Sauna, anstatt zu joggen.

● Ich fühle mich wohl in der jetzigen Abteilung und werde mit meinem Chef sprechen, welche Möglichkeiten bestehen, dortzubleiben oder zumindest bei der Gestaltung der neuen Abteilung aktiv mitzuwirken.

● Ich mache heute früher Feierabend und fahre noch Rad, bevor die Schwiegereltern kommen, dann bin ich ausgeglichener.

● Der Benzinpreis steigt seit Jahren. Ich entscheide mich für Carsharing, dann fahre ich nicht mehr jeden Meter mit dem Auto.

Wie kommen Sie ins Tun?

In vielen Gesprächen mit meinen Seminarteilnehmern konnte ich feststellen, dass den meisten zum Jammern neigenden Menschen die Unterschiede zwischen Opfer und Gestalter durchaus bewusst sind. Sie wissen, was zu tun wäre, um endlich aus ihrem Jammerkreislauf herauszukommen.

Das Problem ist also offensichtlich nicht, dass wir nicht wissen, was wir tun sollen. Das Problem ist, dass wir das, was wir wissen, nicht in die Tat umsetzen. Wir bleiben passiv. Ein Schlüssel zum Jammerstopp liegt im Verständnis der Tragweite unserer Trägheit.

»*Ich kann freilich nicht sagen, ob es besser wird, wenn es anders wird; aber so viel kann ich sagen, es muss anders werden, wenn es gut werden soll.*« Georg Christoph Lichtenberg

Wie tief stecken Sie in der Komfortzone?

Komfort hat immer zwei Aspekte. Einerseits ist es herrlich, zum Beispiel auf unserem gemütlichen Sofa zu sitzen und es uns bequem zu machen. Andererseits: Wenn wir zu lange auf dem Sofa sitzen bleiben, werden wir träge. Die Komfortzone ist also auch eine Trägheitszone und somit gefährlich. Denn sie enthält all jene Dinge und Gewohnheiten, die uns leichtfallen. Herausforderungen und Wachstum sind dagegen eher rar gestreut – das ist das Problem.

Vom Schloss zur Dreizimmerwohnung

Wir alle sind in einem Schloss zur Welt gekommen, einem riesengroßen Schloss. Es verfügte über unendlich viele Zimmer. Und die wollten wir natürlich alle kennenlernen. Neugierig und mutig machten wir uns auf herauszufinden, was hinter den verschlossenen Türen steckt. Wir fragten nicht groß nach, ob wir das überhaupt dürfen, und Angst hatten wir auch keine. Dazu waren wir viel zu neugierig, denn wie alle Kinder kamen auch wir mit einem angeborenen Bewegungs- und Entdeckerdrang auf die Welt. Wir machten einfach drauflos, da wir nur durch Ausprobieren lernen.

Doch je älter wir wurden, umso mehr Hindernisse tauchten auf einmal auf. Nicht nur Menschen, die sich vor die Türen stellten und uns den Eintritt verwehrten. Auch manche Situation hinderte uns am Eintreten. Und dann sagte man uns, dass man in dieses und jenes Zimmer besser nicht gehen solle. »Es ist nur zu deiner eigenen Sicherheit. Wir sperren diese Tür jetzt mal zu.« Wir sollten uns mehr auf unsere Schularbeiten als auf diese geheimnisvollen Türen konzentrieren: »Das ist nur zu deinem Besten – und übrigens: Sei nicht so laut, sitz gerade und iss anständig!«

> *»Der Veränderung die Tür verschließen,*
> *hieße das Leben selber aussperren.«* Walt Whitman

So wurde unser Spielraum im Laufe der Zeit immer kleiner, bis von unserem Schloss nur noch eine Dreizimmerwohnung mit Kellerabteil übrig blieb. So sieht sie also aus, die Komfortzone.

Ja zur Veränderung

Liebe Leserin, lieber Leser, wie auch immer Sie Ihr Leben bewohnen – haben Sie den Mut und öffnen Sie nach und nach wieder alle Zimmer Ihres Daseins. Erobern Sie sich Ihr Schloss zurück – es gehört schließlich Ihnen. Bewegen Sie sich aus Ihrer Trägheitszone heraus, denn die ist viel zu eng für Ihre strahlende Persönlichkeit!
Die einzige Sicherheit im Leben ist die Veränderung. Forscher schätzen, dass in unserem Körper täglich bis zu fünfzig Millionen neue Zellen entstehen und alte, fehlerhafte

Exemplare ersetzen. Auch jetzt in diesem Moment verändern sich in Ihrem Körper Tausende von Zellen. Wäre doch schade, wenn die nicht lachen, sondern leiden. Also: Schluss mit dem Jammern!

Sicher und bequem: Rückzug in die Komfortzone

Sehr oft ist die eigene Bequemlichkeit der Grund dafür, warum wir unsere Komfortzone nicht verlassen. Wir bewegen uns immer in den gleichen Mustern und Situationen und verändern sie nur selten, weil das ja anstrengend wäre. Lieber bleiben wir innerhalb der engen Grenzen unserer Komfortzone. Sie schenkt uns das vertraute Gefühl der (Schein-)Sicherheit. Und das nicht bloß in den eigenen vier Wänden. Viele Menschen nehmen jahrelang den gleichen Weg zur Arbeit. Einen neuen Weg auszuprobieren wird als zu anstrengend empfunden – und wer weiß, was dabei passieren könnte!

Erstarrt in Bequemlichkeit?

In der Komfortzone verhalten wir uns in der Regel immer gleich. Deshalb nehmen wir unser Leben oft als langweilig wahr. Die Komfortzone bietet uns Sicherheit in Form von Konstanz. Doch sie macht uns auch klein und schwach, da sie uns nicht vor Herausforderungen stellt, die uns reifen und wachsen lassen. Außerhalb unserer Bequemlichkeitszone sind all jene Dinge angesiedelt, die uns im Detail noch fremd sind. Dazu gehört alles, was wir uns wünschen oder was wir gern können würden wie zum Beispiel Perlentauchen oder Bundeskanzlerin werden, genauso wie ein Instrument spielen, singen oder uns für einen Traumjob bewerben. Dazu gehören aber auch solche Bereiche, bei denen wir uns unwohl

fühlen wie beispielsweise Konfliktsituationen. Gerne würden wir sie aus der Welt schaffen, doch wir wissen nicht wie oder wir trauen uns einfach nicht, die Probleme anzusprechen, also verharren wir in dem, was wir kennen – in unserer bequemen Komfortzone. Ist das Nicht-ändern-Können in Stein gemeißelt oder ist es eher eine Frage des Wollens?

Probieren Sie einfach die Übung auf der nächsten Seite aus. Sie hilft Ihnen zu erkennen, dass Sie Ihr eigener Herr sind und Ihre Schritte selbst lenken. Beginnen Sie am besten jetzt sofort.

Neuland kennenlernen

Wir müssen uns täglich viele Male entscheiden, ob wir das gewohnte Terrain verlassen oder nicht. Ob wir den Mut haben, Neuland zu betreten. Manchmal ist es klüger, Neues zu meiden. Es gibt keine Regel, die immer gilt. Es ist vielmehr wichtig, immer wieder aufs

 ## Sichtwechsel

Stellen Sie sich auf einen Teppich im Bad oder, wenn Sie keinen haben, auf ein Handtuch. Sie stehen nun innerhalb Ihrer Komfortzone. Da kennen Sie sich aus. Jede Faser ist Ihnen bekannt. Hier fühlen Sie sich zu Hause. Und nun wagen Sie den Schritt ins Abenteuer: Sie verlassen diesen geschützten Platz. Sie steigen aus. Sie machen einen Schritt raus aus der Komfortzone.

Jetzt sind Sie draußen – es ist möglich! Sie haben es soeben bewiesen. Und wenn Sie meinen, das sei Quatsch, weil das nichts mit Ihren Hemmnissen, Sorgen und Problemen zu tun hat, dann muss ich Sie bitten, zurück auf Los zu gehen und es noch einmal zu tun und vielleicht noch einmal, bis Sie erkennen: Sie selbst lenken Ihre Schritte! Sie sind der Chef oder die Chefin in Ihrem Haus!

Wichtig: Um Ihre Komfortzone zu verlassen, müssen Sie den ersten Schritt gehen. Selbst wenn es zunächst nur ein kleiner ist.

Neue herauszufinden, was im Jetzt und Hier das Richtige für uns ist. Das kann einmal bedeuten, mutig aufzubrechen, ein anderes Mal kann es heißen, sich besonnen und klug zurückzuziehen.

Schritt für Schritt
Neuland ist immer eine Herausforderung! Deshalb sollten wir es auch mit kleinen Schritten kennenlernen. Nicht mit einem Riesensatz hineinspringen und dann womöglich Heimweh nach der Komfortzone kriegen. Nein, schön langsam Schritt für Schritt die Aufgaben wachsen lassen und so den eigenen Radius erweitern. Im Grunde genommen tun Sie damit nichts anderes, als Ihre Komfortzone zu ver-

größern, denn alles, was Ihnen vertraut ist, können Sie dort ansiedeln. So wächst Ihr Handlungsspielraum langsam, aber sicher. Das macht Sie selbstbewusster, das Erobern wird zur Freude. Wie viel Leben es zu entdecken gibt! Wie groß das Schloss ist, das Sie sich zurückerobern!

Probieren Sie gleich noch die Übung unten aus. Professionelle Sänger und Vortragsredner trainie-

 ## Stimmprobe

Stellen Sie sich vor einen Spiegel, schauen Sie sich an und sagen Sie laut und übertrieben die Vokale
A, E, I, O, U
Danach lachen Sie:
Hahaha
Hehehe
Hihihihi
Hohoho
Huhuhu
Bestimmt denken Sie jetzt:
»Was für ein Blödsinn!«
Stopp! Kommen Sie raus aus Ihrer Bequemlichkeitszone, in der die üblichen Vorurteile und Klappt-ja-eh-nicht-Gedanken sitzen und machen Sie weiter!

Und noch mal von vorn.
Und am besten gleich noch mal. Viele meiner Seminarteilnehmer machen diese Übung seit Jahren und berichten mir, dass sich ihre Ausstrahlung dadurch verbessert hat. Wer diese Übung schafft, der macht den ersten Schritt, um die Komfortzone zu verlassen, der wird nach und nach sein Selbstbewusstsein schulen und seine ganze Persönlichkeit zur Entfaltung bringen, was nichts anderes bedeutet, als das Leiden zu stoppen. Denn Leid sammelt sich stets in den Falten der nicht entfalteten Möglichkeiten.

ren so ihre Aussprache und ihr Lungenvolumen. Die Folge: eine lautere Stimme, ein klarer Ausdruck und dadurch eine ganz andere Ausstrahlung.

Verantwortung für sich selbst übernehmen

Natürlich können Sie sich entscheiden, es sich in Ihrer Komfortzone lebenslang gemütlich einzurichten. Niemand zwingt Sie schließlich, sich auf Neues einzulassen. Doch bitte entscheiden *Sie* das dann auch. Sie selbst und nur Sie. Geben Sie nicht vor, andere hätten für Sie entschieden.

Wenn Sie in Ihrer Komfortzone verweilen wollen, dann übernehmen Sie die Verantwortung. Sie und kein anderer! Übernehmen Sie die Verantwortung für Ihr Verharren im Altbewährten, Bekannten. Und beschweren Sie sich nie mehr über Ihre fehlenden Möglichkeiten. Das gefällt Ihnen nicht? Prima! Dann raus aus der Passivität! Verlassen Sie Ihre lieb gewonnenen

Pfade und lassen Sie sich nicht verunsichern, wenn sich das zunächst gar nicht so toll anfühlt. Das ist ein gutes Zeichen, dass Sie auf dem richtigen Weg sind.

Mit Stress umgehen

Sobald Sie Ihren Trägheitsbereich verlassen, sind Sie erst mal gestresst. Das Unterbewusstsein reagiert mit einer Rückzugsstrategie. Sie sollten sich stets bewusst sein, dass Stress entsteht, sobald Sie Ihren vertrauten Bereich verlassen. Das ist normal. Der Stress vergeht auch wieder, und je öfter Sie neue Herausforderungen trainieren, desto leichter werden sie Ihnen fallen. Außerdem muss Stress nicht immer negativ sein.

Stress ist nicht gleich Stress

Es gibt zwei Arten von Stress: Eustress und Disstress. Ersterer wirkt motivierend und treibt zur Höchstleistung an. Er lässt uns Anforderungen und Situationen als Herausforderungen erleben, denen wir

> *»Unsere Hauptaufgabe ist nicht, zu erkennen, was unklar in weiter Entfernung liegt, sondern zu tun, was klar vor uns liegt.«*
>
> Thomas Carlyle

uns gern stellen. Im Eustress fühlen wir uns wohl, weil wir aktiv sind. Außerdem haben wir genug Selbstbewusstsein und Antrieb, um unsere Aufgaben zu meistern. Sobald wir das Ziel erreicht haben, folgt eine Spannungsentladung und dann die Belohnung: Glücksgefühle durchströmen uns.

Beim Disstress baut sich der Stress auf – kann sich aber nicht entladen, weil wir in Angst und Zweifeln verharren, statt aktiv zu werden. Die an uns gestellten Anforderungen und daraus resultierenden Situationen erleben wir als äußerst unangenehm und belastend. Ein Gefühl der Überforderung stellt sich ein. Meist fühlen wir uns mutlos und glauben, den gestellten Aufgaben nicht gewachsen zu sein:

»Wie soll ich das nur schaffen!«, wäre ein typischer Ausspruch.

Ein Beispiel

Angenommen, Sie haben von einem Freund zum Geburtstag einen Tandemfallschirmsprung geschenkt bekommen. Wie werden Sie reagieren? Freudig zusagen oder mit schlechtem Gewissen nach einer Ausrede suchen? Beide Male wenden Sie Energie auf. Bei der Freude darüber entsteht Eustress, weil Sie sich wahrscheinlich diesen Sprung vor Ihrem inneren Auge schon vorstellen und in leuchtenden Farben ausmalen. Die Vorfreude kommt zum Tragen. Im zweiten Fall entsteht Disstress und die Energie richtet sich gegen Sie. Wenn Sie an den Sprung denken, empfinden Sie beispielsweise Höhenangst und stellen sich alles ganz grässlich vor. Weil es sich aber um ein teures und außergewöhnliches Geburtstagsgeschenk handelt, möchten Sie Ihren Freund nicht vor den Kopf stoßen. Solchermaßen überfordert werden Sie vermutlich entweder versuchen, das Ganze noch eine Weile zu verdrängen, oder Sie drehen sich im Kreis beim Versuch, eine Ausrede zu finden, die plausibel genug klingen könnte. Dabei baut sich immer mehr negativer Stress auf. Diesem könnten Sie nur entgehen, wenn Sie gleich mit Ihrem Freund reden und absagen. Ohne schlechtes Gewissen, denn Sie sind nicht für seine »Ent-Täuschung« verantwortlich.

Sie müssten ihm also freundlich, aber klar sagen, dass Sie sich wegen Ihrer Höhenangst nicht vorstellen können, den Sprung durchzuführen. Und dann könnten Sie gemeinsam überlegen, ob es nicht noch andere Möglichkeiten gibt.

Neues entdecken: Komfortzone ade

Machen Sie sich bewusst, dass nun Ihr schönes neues Leben jenseits der Komfortzone beginnt. Nehmen Sie das Heft in die Hand, um im Jetzt und Hier mutig die für Sie richtigen Entscheidungen zu treffen. Nicht nur einmal, sondern immer wieder. Das Leben ist eine Abfolge von Problemen und Entscheidungen. Entscheidungen, die Sie selbst treffen und die nicht von anderen oder gar durch irgendwelche dubiosen Umstände für Sie getroffen werden.

Sie haben nichts zu verlieren

Stellen Sie sich vor, Sie gehen an einem wundervollen, sonnigen Tag in ein schönes Café. Am Nebentisch sitzt ein Mann oder eine Frau, der oder die genau Ihr Typ ist. Beim Anblick dieses Menschen überkommen Sie sehr positive Gefühle und Sie malen sich mit Ihren inneren Bildern aus, wie das wäre, diesen Mann oder diese Frau kennenzulernen.

Sie haben nun zwei Möglichkeiten:

- Entweder Sie sprechen die Person an oder
- Sie träumen weiter.

Was glauben Sie, würden die meisten Menschen machen?

Vermutlich Letzteres, denn wir trauen uns nicht, auf eine attraktive Person zuzugehen, weil wir Angst vor Zurückweisung haben.

Und somit reagieren wir auf unsere eigenen Ängste. Wir sind in unserer Komfortzone gefangen. Doch zu diesen Menschen zählen Sie nicht mehr! Sie wandeln nun abenteuerlustig auf neuen Pfaden. Was haben Sie schon zu verlieren? Nichts! Sie können nur gewinnen. Keineswegs bloß eine interessante Begegnung. Vor allem gewinnen Sie sich Ihren Status als Schlossherr/ Schlossherrin zurück. Mit jeder Erweiterung Ihrer Komfortzone erhalten Sie mehr Möglichkeiten, um Ihr Leben so zu gestalten, wie Sie das möchten. So werden Sie Ihre Leidenserfahrungen Schritt für Schritt verringern und eines Tages in Ihrem Schloss ankommen. Probieren Sie es doch einfach mal aus. Sprechen Sie jeden Tag bewusst einige Menschen an, die Sie nicht kennen. Sie können sie zunächst auch einfach nur grüßen – das ist eine gute Übung, um Hemmungen abzubauen. Auf der nächsten Seite erhalten Sie weitere Beispiele, um daran anzuknüpfen. Am besten nehmen Sie das folgende Zitat als Motto für die nächste Übung.

> »Was wir brauchen, sind ein paar verrückte Leute. Seht euch an, was uns die normalen gebracht haben.« George Bernard Shaw

 # In vier Schritten aus der Komfortzone

1 Mutiges Handeln

Verkleiden Sie sich an einem der nächsten Tage, aber nicht im Fasching, und zwar so, dass Sie zumindest auf den ersten Blick nicht erkannt werden.

Wie wär's mit Perücke oder Schnurrbart? Ziehen Sie auch besondere Kleidung an – vielleicht haben Sie sogar einen Fundus im Keller – und begrüßen Sie dergestalt Ihre Familie oder Gäste, die Sie eingeladen haben.

Diese Übung ist eine Herausforderung, macht aber sehr viel Spaß. Sie fördert Ihre Kreativität und hilft, Hemmungen abzubauen und Ihren Mut, anders zu sein. Denn welcher Erwachsene macht so etwas schon außerhalb der Faschingszeit? Erweitern Sie Ihre Komfortzone durch Spontaneität und Mut.

2 Sich verletzlich machen

Fahren Sie mit der U- oder S-Bahn und summen oder singen oder pfeifen Sie laut Ihr Lieblingslied vor sich hin. Freuen sich auch laut, lachen Sie, seien Sie vergnügt!

Wir ziehen uns oft in unsere Trägheitszone zurück, weil wir Angst haben, verletzt zu werden. So wie als Kind, als wir in der Schule ausgelacht wurden. Bei dieser Übung wird es Menschen geben, die komisch schauen, aber auch solche, die sich amüsieren. Seien Sie mutig und trainieren Sie, Ihre Verletzlichkeit zuzulassen. Sie werden erfahren, dass dann überhaupt nichts Schlimmes passiert.

3 Ängste überwinden

Gehen Sie in eine Apotheke und verlangen Sie eine Ohrenwärmflasche für Ihr Trommelfell.

 *Fortsetzung*

Danach bitten Sie in der Bäckerei um gebackene Windeln mit Zuckerguss für den Kindergeburtstag.

Eine gute Übung, um spielerisch Ängste zu überwinden. Wie schon aufgeführt haben wir oft Hemmungen, Dinge zu machen, weil wir uns vor Zurückweisung fürchten. Verletzungen wollen wir uns gar nicht erst aussetzen und bleiben lieber im sicheren, gewohnten Bereich. Doch das geht auf Kosten von Spaß und Freude – außerdem macht es uns träge und mutlos.

4 Der Trägheit trotzen

Lehnen Sie sich morgens an Ihren Türrahmen und spielen Sie stolzer Bär oder stolze Bärin an einem Baumstamm. Rubbeln Sie sich mit lauten und wohligen Grunzlauten zwei bis drei Minuten Ihren Rücken.

In der Regel sieht unser Morgen immer gleich aus. Unterbrechen Sie Ihre Routine. Lassen Sie Lebensenergie in sich aufkommen und fließen. Wenn Sie die Übung machen, spüren Sie sofort, was ich damit meine. Genießen Sie das Gefühl!

Jetzt, da Sie fertig sind mit dem Lesen, denken Sie vielleicht, dass ich ein bisschen verrückt bin – oder? Doch ich würde Ihnen diese Übungen nicht vorschlagen, wenn ich sie nicht schon selbst ausprobiert hätte. Des Weiteren kenne ich sehr angesehene Menschen, die mir genau diese Dinge vorgemacht haben. Sie werden sehen, das macht riesigen Spaß. Wenn Sie wollen, was Sie noch nie gehabt haben, dann tun Sie, was Sie noch nie getan haben!

Was gibt Ihnen Kraft, was nimmt Ihnen Kraft?

Sobald wir unbewusst in unsere Komfortzone abtauchen, verlieren wir Kraft. Das bedeutet nicht, dass wir es uns dort nicht mehr gemütlich machen dürfen. Es geht vielmehr darum zu erkennen, wo wir uns im Leben aufhalten. Zu begreifen, dass wir selbst Platz nehmen, nicht Platz genommen werden.

Klarheit erlangen

Klarheit führt Sie ins Jetzt und verschafft Ihnen den Überblick, den gerade das Gehirn dringend benötigt. Viele Menschen drehen sich in ihren Gedankenwelten tagtäglich im Kreis. Damit belasten sie nicht nur ihren Geist, sondern auch ihren Körper. Negatives Denken macht krank, wie wir mittlerweile dank der Psychoneuroimmunologie wissen. Klarheit und Struktur vertreiben die Geister, die wir selbst in der Gestalt von negativen Gedanken herbeigerufen haben. Klarheit und Struktur sind wie ein befreiender Hausputz.

Ich selbst habe in meiner größten Lebenskrise ein einfaches Hilfsmittel kennen und schätzen gelernt, um schnell Klarheit zu erlangen. Es begleitet mich bis heute in schwierigen Situationen, und ich möchte es auch Ihnen ans Herz legen. Alles, was Sie dazu benötigen, sind Papier und Stift sowie ein wenig Zeit.

Die Kraftbilanz

Obwohl Sie an Ihrer eigenen Bilanz sehr deutlich ablesen können, wie es um Ihr persönliches Kräfteverhältnis bestellt ist, möchte ich Ihnen dennoch drei Hinweise mit auf den Weg geben.

1 Die Übung auf der nächsten Seite zeigt Ihnen, was Sie bereits tun, um Kraft zu bekommen. Freuen Sie sich über dieses Ergebnis. Sie gehen achtsam mit Ihren Akkus um und laden sie immer wieder neu auf.

Nein, das ist keine Selbstverständlichkeit, das ist ein Grund, sich zu loben. Loben Sie sich dafür, dass Sie gut auf sich achtgeben. So zeigen Sie, dass Sie das Leben wertschätzen. Und, hoppla, dass es doch noch etwas anderes gibt als ständig vor sich hin zu leiden!

2 Sie erhalten einen Überblick darüber, was zu tun ist.

Schauen Sie die Spalte mit Ihren Krafträubern an und ordnen Sie diese nach Prioritäten. Vielleicht haben Sie Ärger mit einem Arbeitskollegen, was Sie so belastet, dass es Ihnen Magenschmerzen verursacht und Sie schlecht schlafen lässt – das sollten Sie als Erstes angehen. Vielleicht haben Sie aber auch vor einiger Zeit Schimmel in der Wohnung entdeckt und machen sich seitdem Sorgen, was das für Ihre Gesundheit bedeutet, welche Kosten auf Sie zukommen könnten und wie wohl Ihr Vermieter reagieren wird. Durch die Kraftbilanz sehen Sie schwarz auf weiß, was normalerweise nur in Ihrem Kopfkino herumschwirrt. Welche Schritte sollten Sie als Nächstes unternehmen und in welcher Reihenfolge? Eine zusätzliche Hilfestellung

Übung: Die Kraftbilanz

Nehmen Sie sich etwas Zeit, in der Sie möglichst nicht gestört werden. Unterteilen Sie das Papier in zwei Spalten und schreiben Sie über die eine Spalte: »Was gibt mir Kraft?« und über die andere: »Was nimmt mir Kraft?«

Diese Frage beantworten Sie nachfolgend für alle fünf Lebensbereiche:

- Gesundheit
- Freizeit
- Wohnen
- Partnerschaft/Familie
- Beruf

hierzu erhalten Sie beim Thema Aktion und Reaktion (siehe ab Seite 55), wo Sie einen Blick auf die Dringlichkeit der anstehenden Veränderungen werfen werden. **Fangen Sie hier und heute mit der kleinsten und einfachsten Veränderung an und steigern Sie sich nach und nach.** Lassen Sie es nicht zu, im Soll zu leben. Sorgen Sie dafür, dass Ihre Habenseite Speck ansetzt!

3 In Ihr Leben zieht Klarheit ein. Ein Blick auf Ihre Liste genügt und Sie wissen ganz genau, wo Sie in den einzelnen Lebensbereichen stehen. Klarheit beruhigt den Geist.

Langfristige Hilfe

Wiederholen Sie diese Übung einmal im Monat und staunen Sie über Ihre Fortschritte. Die neue Klarheit wird Sie ganz automatisch davor bewahren, sich im Drehen Ihres Gedankenkarussells zu verlieren. Meiner Erfahrung nach dauert es sechs bis zwölf Monate, bis ein neues Verhalten tiefenwirksam integriert ist. Diese Geduld sollten Sie

aufbringen – es lohnt sich! Ich selbst führe diese Übung heute noch durch, wenn ich merke, dass die Gefahr besteht, mich zu verzetteln, oder sobald ich aus dem Gleichgewicht gerate.

Das Wesen der Krafträuber

Interessanterweise rauben uns jene Dinge im Leben am meisten Kraft, die wir am liebsten und wohl auch einigermaßen erfolgreich vermeiden: zum Beispiel ein klärendes Gespräch mit dem Partner, die Anfrage wegen einer Gehaltserhöhung beim Chef, der dringend notwendige Besuch beim Zahnarzt oder die anstehende Steuererklärung. Denn um unser schlechtes Gewissen zu verdrängen oder einigermaßen akzeptable Ausreden zu erfinden, warum es jetzt gerade wieder nicht geht, müssen wir uns ganz schön anstrengen.

Aber auch wenn wir zum Beispiel abnehmen möchten und es nie konsequent angehen, kostet uns das immense Kraft, denn wir werden beim Essen immer ein unterschwellig ein schlechtes Gewissen haben und müssen unsere kostbare Energie damit vergeuden, dieses unangenehme Gefühl zu verdrängen. Das Vermeiden von unangenehmen, aber notwendigen Aktionen ist keine Lösung, ganz im Gegenteil: **Je mehr wir vermeiden, desto mächtiger wird das, was wir eigentlich vermeiden wollen.**

Letzter Aufruf!

Achtung: Hier können all diejenigen weiterlesen, die die Übung auf Seite 32 nicht gemacht haben. Es ist mir klar, dass es für Komfortzonenbewohner zu viel Aufwand wäre, dreißig Minuten für eine solche Übung zu investieren, die noch dazu die Gefahr birgt, Ihre Leidensgeschichte in ein Happy End zu verwandeln. Bloß die Finger weg von so was …, oder?

Es ist nie zu spät, um anzufangen! Last Call für all die Verweigerer aus der ersten Runde! Es lohnt sich!

Wie erkennen Sie Krafträuber?

Niemand hat sie jemals gesehen, denn Krafträuber verkleiden sich. Mit Vorliebe hüllen sie sich in den Mantel der Langeweile. Die entsteht zum Beispiel, wenn wir kein Ziel vor Augen haben, das uns energiegeladen und fröhlich macht, oder wenn wir uns aus Trägheit mit Menschen umgeben, die uns langweilen, nur weil es unangenehm wäre, Konsequenzen zu ziehen, oder anstrengend, sich neue Bekannte zu suchen. Unsere Krafträuber kommen aber auch als Helfersyndrom daher oder in Form von Termindruck, Überforderung, schwelenden Konflikten, ungeliebten Tätigkeiten – und wenn sie auf zwei Beinen gehen, als ewig jammernde Zeitgenossen.

Krafträuber zeigen sich in Form …

- von trägemachender, ungesunder Ernährung
- von zu wenig Bewegung
- von Freizeitstress
- von chronischem Termindruck
- eines jammernden Umfelds

> *»Der Mensch will immer, dass alles anders wird, und gleichzeitig will er, dass alles beim Alten bleibt.«* Paulo Coelho

- eines Jobs, der keinen Spaß macht
- von zu viel Fernsehen
- von ungelösten Konflikten
- einer störenden Umgebung
- von Gedanken an Umstände, auf die wir keinen oder nur wenig Einfluss haben

Was tun mit den Räubern?

Krafträuber stammen meistens aus der Vergangenheit. Wir alle sind das Produkt unserer Geschichte. Wo wir jetzt stehen im Leben, dahin haben unsere Gefühle, unser Handeln, unser Sprechen und unser Denken uns gebracht. Deshalb gibt es auch keinen Grund, sich zu beschweren. Es ist so, wie es ist. Wie wir sind, ist die logische Folge davon, woher wir kommen. Es gibt aber einen triftigen Grund,

an diesem Istzustand etwas zu verändern, sollten sich zu viele Schmarotzer, sprich Krafträuber dort niedergelassen haben. Sie gilt es in Kraftspender umzuwandeln – wie das genau funktioniert, erfahren Sie auf den folgenden Seiten. Ich bin überzeugt davon, dass wir alle auf dieser schönen Welt sind, um gute Gefühle zu erleben. Alles, was wir tagtäglich tun, dient in letzter Konsequenz der Veränderung unserer Gefühle von negativ in positiv. Von einem Gefühl, das uns Kraft nimmt, zu einem, das uns Kraft gibt. Nichts anderes machen wir den ganzen Tag, auch wenn uns das nicht bewusst sein mag. Zum Glück können wir kreativ denken, und wir haben einen freien Willen. Das allein schon befähigt uns zum Angriff auf die Krafträuber. Die fürchten sich davor natürlich, denn sie wissen genau, dass wir sie früher oder später schnappen werden, wenn wir das wirklich wollen.

Muster erkennen

Krafträuber sind oft erlernte Muster, die wir zum Großteil auch von anderen Menschen übernommen haben und die überhaupt nicht zu unserer Persönlichkeit passen. Eine meiner Seminarteilnehmerinnen hatte zum Beispiel ihr Leben bis ins Erwachsenenalter auf dem elterlichen Bauernhof verbracht und Unmengen von Schweinefleisch essen müssen. Sie bekam schon in jungen Jahren Gicht, bis sie ihre Ernährung eigenmächtig umstellte und dadurch binnen kürzester Zeit gesund wurde. Anschließend kehrte sie auch ihrem Elternhaus den Rücken, um nicht weiter im alten, für sie schädlichen Kreislauf gefangen zu sein. Fast Food oder Fertiggerichte, also minderwertiges Essen, das rasch erhitzt und dann schnell hineingeschlungen wird, ist ein klassischer Krafträuber, der seine Spuren hinterlässt.

Ein weiterer typischer Krafträuber heißt Fernsehen. Viele Menschen haben im Laufe der Jahre nahezu verlernt, sich mit anderen so wie früher zu treffen, sich auszutauschen, gemeinsam Sport zu treiben, Musik zu machen oder sozial zu engagieren. Lieber sitzen sie abends vor dem Fernseher und ziehen sich von der Umwelt zurück. Dieser innere Rückzug ist ein weitverbreitetes Phänomen. Viele beschäftigen sich aus Gewohnheit heraus auch ständig mit Dingen, die sie nicht ändern können. Sie lesen in der Zeitung oder im Internet die Katastrophenmeldungen und vertun ihre Zeit damit, darüber zu reden, wie grausam doch die Welt ist, statt sie zu nutzen, um in ihrem unmittelbaren Umfeld Menschen zu helfen. So lebt es sich ja auch recht bequem. Kein Wunder, dass die Krafträuber bleiben und sich partout nicht in Kraftspender verwandeln lassen wollen.

> *»Ehrlichkeit ist das erste Kapitel im Buch der Weisheit.«*
>
> Thomas Jefferson

Wichtig: Ehrlichkeit

Gute Gefühle beziehungsweise Kraftspender entstehen immer dann, wenn wir uns als Mensch zum Ausdruck bringen. **Zum Ausdruck bringen wir uns, indem wir ehrlich aussprechen, was wir fühlen, und danach handeln.** Und das können Krafträuber nun gar nicht ausstehen. Krafträuber mögen es nicht, wenn wir ehrlich sind. Denn dann würden wir ja bezogen auf die Beispiele Essen, Fernsehen und Katastrophenmeldungen merken, dass der Schaden für uns dauerhaft größer ist als der Nutzen. Dadurch wären die Krafträuber schon mal aufgeflogen. Sobald Sie den Schritt aus Ihrer Komfortzone gewagt haben, enttarnen auch Sie all jene Krafträuber, die Ihr Leben eher leidvoll denn lustvoll prägen. Durch ehrliches Handeln, Sprechen und Fühlen entstehen Kraftspen-

der. Die Krafträuber verhungern dabei. Wie? Ganz einfach: Wenn Sie sich Ihre kraftraubenden Verhaltensmuster bewusst machen, also vor sich selbst zugeben, dass Sie zum Beispiel zu schnell ungesundes Essen verzehren oder dass Sie zu viel fernsehen oder dass Sie Ihre Gefühle an Schreckensmeldungen verschwenden, können Sie anfangen, Ihre Handlungen und Ihre Kommunikation umzustellen. So entziehen Sie den Krafträubern langsam die Energie und investieren diese in Kraftspender, weil Sie sich zum Beispiel Zeit nehmen, einmal am Tag Ihr Essen frisch zuzubereiten oder weil Sie den Fernseher nur noch ganz gezielt anschalten oder die Zeit, die Sie bisher durch den Konsum von Katastrophenmeldungen vergeudeten, für sinnvolle, nützliche Dinge in Ihrem Umfeld nutzen.

Kletten kosten Kraft

Meine Seminarteilnehmerinnen und -teilnehmer beschweren sich oft über ihre Arbeitskollegen. Unter Kollegen scheint es sehr häufig Krafträuber zu geben. Typische Aussage: »Wenn der oder die nicht wäre, würde mir die Arbeit leicht von der Hand gehen, aber so quäle ich mich Tag für Tag ins Büro, und ab Sonntagabend graut mir vor der nächsten Woche, wenn ich ihn/sie wiedersehen muss.«

Sind Ihnen solche Gedanken vertraut? Gehören Sie auch zu jenen Menschen, die ihre Arbeitskollegen »einladen«, das Wochenende mit ihnen zu verbringen? Die nicht loslassen können und deshalb mit den verhassten Kollegen joggen und am Mittagstisch sitzen, sie in ihre Familie integrieren und nachts ein Bett mit ihnen teilen?

Dann verlieren Sie sehr viel Kraft! Umso trauriger, wenn Sie diese Kraft in Ihrer Freizeit einbüßen, in der Sie sich mit positiven Eindrücken, Erinnerungen und Erlebnissen nähren und nicht mit negativen Gedanken und Gefühlen belasten sollten. Auf diese Weise wird Ihr Nervenkostüm immer empfindlicher. Eines Tages reicht der Name des Kollegen oder der Kollegin aus, und Ihr Blutdruck steigt. Sie könnten aus der Haut fahren. Nun, gesund ist das nicht. Krafträuber sind nie gesund, denn wer uns Kraft raubt, nagt immer auch an unserer Gesundheit!

Erkennen und benennen

Dabei ist die Sache eigentlich ganz einfach. Nehmen Sie sich immer wieder Zeit für die Übung »Kraftbilanz« (siehe Seite 32). So erkennen Sie rasch, dass ein Krafträuber an Ihrer Lebensfreude sägt. Und Sie haben ihn damit auch benannt. Das sind die Voraussetzungen, um etwas zu verändern. Sie können nun die Entscheidung treffen, dass Sie die belastende Sache bereinigen und das, was ins Stocken geraten ist, wieder zum Fließen bringen wollen. Im Fall des Ärgers im Büro könnten Sie zum Beispiel auf Ihren Kollegen zugehen und versuchen, den Konflikt mithilfe eines vermittelnden Mitarbeiters zu lösen – so gut es eben möglich ist.

Vor Krafträubern sollten Sie nicht zurückschrecken, sondern mutig auf diese zugehen, um sie zu verwandeln.

Ihre Diebstahlsicherung: Blaulicht und Sirene

Stellen Sie sich vor, Sie sind in einem voll besetzen Bus unterwegs und halten sich an einer der Gurtschlaufen fest. Neben Ihnen steht ein korpulenter Mensch und steigt Ihnen aus Versehen, aber mit voller Wucht auf den Fuß. Was wäre die richtige Reaktion? Ich denke, es wäre angebracht, Blaulicht und Sirene anzuschalten, das heißt: laut und deutlich »Au« zu schreien. Dabei geht es nicht darum, durch den Schrei denjenigen, der Ihnen auf den Fuß gestiegen ist, bloßzu-

stellen. Es geht vielmehr um den ehrlichen Ausdruck Ihrer Gefühle.

Emotionen ausdrücken

Wenn etwas richtig wehtut, dann hat uns die Natur auch die Möglichkeit gegeben zu schreien, um uns Erleichterung zu verschaffen. Das gilt im übertragenen Sinne genauso für seelische Schmerzen. Nur durch anerzogene Muster wie: »Ich darf nicht unangenehm auffallen«, »Ich muss immer höflich und zurückhaltend sein«, »Wenn ich kein freundlicher und angenehmer Zeitgenosse bin, empfinden mich andere als peinlich und niemand mag mich«, unterdrücken wir unsere Emotionen meistens. Wenn Sie nicht deutlich Ihre Gefühle zum Ausdruck bringen und somit Stellung beziehen, übergeben Sie automatisch und freiwillig den Krafträubern die Regentschaft. Jenen vertrauten Gesellen, die Sie schon so oft in unangenehme und auch schmerzhafte Situationen manövriert haben.

> *»Nicht was wir erleben, sondern wie wir empfinden, was wir erleben, macht unser Schicksal aus.«* Marie von Ebner-Eschenbach

Sobald Sie sich zum Ausdruck bringen, verringert sich Ihr Schmerz. Denn damit lassen Sie automatisch Ihre Kraftspender in sich wirken. Das ist im Grunde genommen keine Neuigkeit für Sie. Das wissen Sie längst. Intuitiv. Weshalb hören Sie also nicht auf Ihre innere Stimme?

Hypothek aus der Kindheit

Es gibt viele Menschen, die würden niemals schreien. Sie schlucken Schmerz, Ärger und Wut hinunter, weil sie das so gelernt haben und sich nicht trauen, das Gelernte infrage zu stellen. Sehr kleine Kinder drücken noch aus, was sie fühlen. Wir alle waren einmal klein und haben unsere seelischen und körperlichen Schmerzen zum Ausdruck gebracht. Wenn wir Glück hatten, begleiteten unsere Eltern uns verständnisvoll in unserem Toben und Weinen, bis wir uns wieder besser fühlten und im Gleichgewicht waren. Wenn wir Pech hatten, wurde uns schon sehr früh klargemacht, dass unsere Emotionen fehl am Platz sind, und unser Schreien wurde abgewürgt und unterdrückt. Durch das Nichtausleben von Emotionen können mit der Zeit psychische Probleme entstehen, die oft erst im Erwachsenenalter in Form von psychosomatischen Störungen so richtig zum Tragen kommen.

Klar Stellung beziehen

Heute könnten wir uns gezielter äußern, weil unser Verstand sich weiterentwickelt hat. Wir brauchen nicht herumzuschreien, bis wir

Aufmerksamkeit bekommen. Wir könnten durch die kleinen Worte Ja oder Nein Krafträuber schon im Vorfeld eliminieren.

Wenn uns etwas Kraft nimmt, können wir konsequent Nein sagen – und wenn uns etwas Kraft gibt, können wir es ebenso bejahen.

Übung: Verhaften Sie Ihre fünf stärksten Krafträuber

Nehmen Sie wieder Papier und Stift und notieren Sie Ihre fünf schlimmsten Krafträuber. Geben Sie sich ruhig Zeit zum Nachdenken, um ihnen auf die Spur zu kommen. Wann fühlen Sie sich besonders abgeschlagen, enttäuscht? Gehen Sie wieder die fünf Lebensbereiche durch. Das könnte dann in etwa so aussehen:

- Gesundheit: Ich arbeite zu viel und habe am Wochenende keinen Elan mehr, etwas für meine Fitness zu tun.
- Freizeit: Ich vergeude die Zeit mit Menschen, die mich Kraft kosten. Zum Beispiel mit X und Y, die mir am Telefon oft zwei Stunden lang etwas vorjammern.
- Wohnen: Meine Wohnung entspricht nicht meinen Bedürfnissen, weil ich keinen Raum für mich allein habe.
- Familie/Partnerschaft: Ich habe einen Partner, der immerzu mit mir zusammen sein muss. Ich habe keinerlei eigenen Freiraum.
- Beruf: Ich habe einen Job, der mich anödet, bleibe aber trotz meines Leidensdrucks dabei.

Wenn Sie so Ihre Krafträuber dingfest gemacht haben, können Sie daran arbeiten, sie in Kraftspender zu verwandeln.

Meiner Erfahrung nach bilden die beiden Wörter Ja und Nein die schwierigste Herausforderung in unserem Sprachgebrauch. Denn sie machen uns verletzlich. Doch sobald Sie aus Ihrer Komfortzone gelangt sind, können Sie sich das leisten. Haben Sie keine Angst, Ihnen geschieht nichts. Seien Sie mutig! Lassen Sie Ihren Selbstschutz fahren! Springen Sie über die Schatten Ihrer Vergangenheit! Trotzen Sie Ihrer Trägheit! Sagen Sie klar, was Sie wollen oder nicht wollen, und stehen Sie dazu.

Kraftspender

Wer Kraftspender an seiner Seite hat, der strahlt. Ein Mensch voller Kraft lebt ausdrucksstark. Vital und energiegeladen tut er das, was er tun möchte – und es geht ihm leicht von der Hand. Das liegt daran, dass ihn keine ungelösten Konflikte beschweren. Kraftspender stimmen uns positiv. Egal ob sie uns in Menschengestalt begegnen,

in der Natur oder als regelmäßige Auszeiten: mehr davon!

Klare Vorstellungen

Jeder Mensch hat die Fähigkeit, sich geistig und körperlich auf ein höheres Niveau, sprich auf mehr Klarheit einzupendeln. Unsere Stimmungen, unsere Launen, unsere Zufriedenheit sind abhängig von der Sichtweise, die uns durchs Leben trägt. Je klarer der Überblick ist, den wir uns verschaffen, umso seltener tappen wir im Dunkeln. **Je klarer unsere Vorstellungen vom Leben sind, umso wahrscheinlicher werden Störungen reduziert, da wir sie frühzeitig erkennen.** Wir verfügen über mehr Kraft, schwierige Herausforderungen zu meistern. Sind wir klar und authentisch und es tut uns wirklich weh, dann schreien wir im Bus, wenn uns jemand auf die Füße tritt. Ein authentischer Mensch schaut nach dem Schrei auch nicht weg, sondern nimmt Kontakt mit dem Fußtrampler auf. Er sagt dann vielleicht so etwas wie: »Aua, das hat wirklich wehgetan.« Und bestimmt entsteht dadurch ein Dialog. Wenn beide bereit dazu sind, entwickelt sich vielleicht sogar eine rege Unterhaltung und ein für beide positives Ende.

Kraftspender aktivieren

Als ich noch angestellt war, war ich öfters gezwungen, anfängliche persönliche Konflikte mit Kollegen zu lösen, damit der Arbeitsbetrieb nicht beeinträchtigt wurde – nicht selten verwandelte sich dabei die Ablehnung in dicke Freundschaft. Genauso wichtig ist es in Partnerschaften, seine Gefühle ehrlich zum Ausdruck zu bringen. Wenn Sie sich durch Ihren Partner verletzt fühlen, dann sollten Sie das Gefühl nicht unterdrücken, sondern mutig sein und deutlich sagen, wie es Ihnen geht. Integrieren Sie diese Kompetenz wieder in Ihr Leben. Sie wurde Ihnen in der Kindheit abtrainiert. Anregungen finden Sie dazu auch ab Seite 55.

Viele Konflikte im Leben können wir durch ehrlichen Ausdruck unserer Gefühle und Kommunikation in Kraftspender umwandeln.
Kraftspender, die unsere Stimmung steigern, sind zum Beispiel:

- Leckeres, frisch zubereitetes (Bio-) Essen mit viel Obst und Gemüse.
- Ausreichende und sinnvolle Bewegung in der Natur wie Wandern oder Joggen, möglichst drei- bis viermal in der Woche dreißig bis sechzig Minuten lang.
- Bewusste Freizeitgestaltung mit der Möglichkeit, auch mal allein zu sein und zum Beispiel ein gutes Buch zu lesen.
- Einplanung von persönlichen Freiräumen in den Alltag.
- Positiv gestimmte Menschen im eigenen Umfeld.
- Ein Job, der Spaß macht.
- Die Bereitschaft, konstruktiv Konflikte zu lösen.
- Eine Umgebung, in der man sich gern aufhält.

 ## Buddhistische Weisheit

Ein Schüler beschwert sich bei seinem buddhistischen Meister über einen Kameraden, der nicht so freundlich und brav ist wie die anderen Schüler.

»Meister, er stört uns beim Lernen. Er tut nicht, was Ihr ihm auftragt. Warum verweist Ihr ihn nicht unserer Gruppe?«

Der Meister erwidert: »Seid froh, dass ihr ihn habt, wie auch ich froh darüber bin. Denn wie sonst sollten wir unsere Geduldsübungen durchführen?«

- Gedanken an Highlights in der Vergangenheit.
- Geduld mit sich und anderen.

Im Hier und Jetzt

Jeder Mensch kann sein Schwingungsniveau erhöhen. Mit der folgenden Übung spüren Sie unmittelbar, wie schnell das geschieht. Warum? Die Übung holt Sie ins Hier und Jetzt. Denken, das immer mit der Zukunft oder Vergangenheit zu tun hat sowie mit Sorgen und Ängsten, ist dabei nicht möglich. Befinden Sie sich wirklich im Jetzt, können Sie bewusst Ihre Stimmung steigern. Dazu gehören, wie an anderer Stelle schon erwähnt, Mut und die Bereitschaft, die eigene Trägheit zu überwinden. Ich setze die Übung auch gern bei Firmenseminaren ein, um die Stimmung aufzulockern und das Denken der Teilnehmer zu unterbrechen. Meist steigt die Stimmung dabei bis zum Lachen.

Positiven Einfluss ausüben

Wir sind auf dieser Welt, um unser Potenzial zu entfalten. Bewegen Sie sich aus sich heraus, entscheiden Sie sich bewusst:

»Ich will mir keine Kraft mehr rauben! Auch für andere Menschen will ich kein Krafträuber mehr sein – denn das war ich durch meine negative Ausstrahlung bisher.«

Dieser Vorgang wird Resonanz genannt. Das bedeutet, dass ein Mensch mit seiner Stimmung sein Umfeld negativ oder positiv ansteckt. Was ist Ihnen lieber?

Übung: Tanken Sie Kraft mit Kauderwelsch

Bitte lesen Sie folgende fünf Sätze schnell, laut und rhythmisch sich selbst oder einem anderen Menschen vor.

- Locko mesi rabaukel hosto plotze vesi salamusku resto ratsa simbisana mu.
- Sikus sakus sukus ramesi letzko flocko tenke tinka tuk schnidi sisa misa musa.
- Solok wensko schludiwitz rama low letz hetz ösö onkou sansani rend disa nax.
- Pico poco polsko sammwitz hibus heido kost liranmesi plap demo derakowi.
- Cheu cho chi plop dek prisi sia sonso belakami sensob sensub sensib schmatz.

Reaktion 1: Sie fragen sich: »Wieso, weshalb, warum soll ich so einen Quatsch machen? So ein Blödsinn!« Darum! Gleich nochmal!

Reaktion 2: Zaghafte Versuche voller Unsicherheit und Schamgefühl. Meist Abbruch – aber halt: Das können Sie besser! Geben Sie sich eine Chance!

Reaktion 3: Durchführung der Übung voller Neugier und Lebensfreude. Stimmung verbessert sich.

Und, welche Reaktion hat die Übung bei Ihnen hervorgerufen? Hoffentlich letztendlich Reaktion Nummer drei, denn sie hebt Ihre Stimmung.

Übung: Feiern Sie Ihre Kraftspender

Nehmen Sie sich erneut etwas Zeit für sich, in der Sie sich möglichst nicht stören lassen. Holen Sie sich dann wieder ein Blatt Papier und einen Stift und notieren Sie Ihre fünf wunderbarsten Kraftspender. Wenn Sie sie auf Anhieb nicht benennen können, geben Sie sich Zeit zum Nachdenken.

Auch Kraftspender verstecken sich manchmal. Sie tun es meist aus Verlegenheit. Also wann fühlen Sie sich besonders vital, aktiv, fröhlich, stark, beschwingt? Gehen Sie die fünf Lebensbereiche durch und finden Sie jeweils einen Kraftspender. Das könnte zum Beispiel so aussehen:

- Gesundheit: Ich merke, dass es mir guttut, mehr Wasser und Kräutertee statt Limonade und Alkohol zu trinken.
- Freizeit: Wenn ich mir unter der Woche für mich selbst Zeit nehme und Yoga mache oder male, fühle ich mich wesentlich ausgeglichener.
- Wohnen: Ich habe mein Schlafzimmer neu gestrichen und umgestellt, seitdem fühle ich mich viel wohler und lese abends öfter noch im Bett.
- Familie/Partnerschaft: Ich habe mit meinem Partner vereinbart, dass in Zukunft jeder einen Abend für sich allein hat, an dem er seinen Interessen nachgehen kann.
- Beruf: Ich fahre öfter mit dem Rad zur Arbeit und bin dadurch viel frischer im Job.

Machen Sie sich bewusst, wie reich Sie sind, und konzentrieren Sie sich auf jene Freuden des Lebens, die Ihnen Energie schenken.

Von der Maske zum wahren Gesicht

Ist Ihnen schon mal aufgefallen, wie viele Menschen Sie anlächeln, ohne etwas dabei zu fühlen, einfach nur so, um freundlich zu sein? Wahrscheinlich bemerken Sie es gar nicht, wenn Sie freundliche Signale aussenden, hinter denen nichts steckt oder mit denen Sie nur vorgeben, etwas zu empfinden. Aufgesetzte Freundlichkeit wird sogar manchmal von Berufs wegen empfohlen. Bei Stewardessen nennt man das »Pan-Am-Lächeln«. Studien haben jedoch nachgewiesen, dass erzwungenes Lächeln krank macht, wenn es dauerhaft nicht mit der Gefühlslage übereinstimmt.

Die verinnerlichte Maske

Wahrscheinlich haben Sie sich schon öfters an Gesprächen beteiligt, die Sie im Grunde gelangweilt haben, und ließen sich das nicht anmerken. Aus Höflichkeit sind Sie in der lähmenden Runde geblieben. Sicher kennen Sie auch das Gefühl, anderen Menschen etwas zu erzählen, die nicht richtig zuhören. Auch darüber sind Sie bisher höflich hinweggegangen. Solche Situationen sind ziemlich anstrengend, nicht wahr? Warum verhalten wir uns dennoch so? Weil wir es gewohnt sind, eine Maske zu tragen. Diese besteht aus Gefühlen und Verhaltensweisen, die wir uns übergestülpt haben, weil wir glaubten, damit das Richtige zu tun: »Mama hat gesagt, ich muss immer schön höflich zu Frau Müller sein.« Oder: »Wenn ich nicht lerne, mich anzupassen, werde ich ausgegrenzt.«

Zwischen echt und unecht
Mama und Papa haben viel gesagt im Laufe unseres Lebens, und das haben wir alles verinnerlicht. So ist unsere Maske entstanden. Wir waren noch sehr klein, als wir die Maske zum ersten Mal aufsetzten. So klein, dass wir selbst glaubten, noch nicht entscheiden

> *»Eine schmerzliche Wahrheit ist besser als eine Lüge.«*
>
> Thomas Mann

zu können, was richtig und falsch ist. Deshalb haben wir den Großen geglaubt. Doch die trugen ebenfalls eine Maske, und so haben wir ihre Maske übernommen. Kinder imitieren Erwachsene, das ist normal. Wir alle lernen das Leben durch Nachahmen kennen. Und stehen dann eines Tages da und wissen nicht mehr, was richtig und echt und was falsch und künstlich ist, weil wir das Echte vergessen und verlernt haben.

Wenn also der Chef einen Witz macht, lachen wir, weil es sich so gehört, fühlen uns aber nicht wohl dabei, weil wir unterschwellig die Diskrepanz zwischen »authentisch« und »unecht« spüren. Oder wir hören uns das Jammern anderer Menschen an, obwohl wir merken, dass uns das selbst nicht guttut. Dieses ewige Nicht-authentisch-Sein schwächt uns. Somit ist die Maske der gefährlichste Krafträuber überhaupt! Vielleicht denken Sie jetzt: »Aber ohne geht's doch auch nicht, sonst eckt man ja überall an, ganz besonders im Beruf!« Ja, da haben Sie natürlich grundsätzlich recht. Aber seien Sie sich bitte darüber bewusst, welchen körperlichen und seelischen Preis Sie für Ihre Anpassungsbereitschaft zahlen. Das lohnt sich auf Dauer nicht. Burn-out lässt grüßen.

Ehrlichkeit wiederentdecken

Mit der Maske auf unserem Gesicht, die sich vor unsere Persönlichkeit schiebt, sind wir nicht authentisch, wir sind unehrlich. Wir tun Dinge, die wir gar nicht tun wollen, um Liebe, Anerkennung, Geborgenheit und Freude zu spüren. Wir erhoffen uns durch dieses Verhalten einen Kräftezuwachs, doch das ist ein Trugschluss.

Denn es nimmt uns Kraft, wenn wir dauernd nur so tun als ob. Es ist also wichtig, dass wir lernen, bewusst mit unseren Gefühlen umzugehen und die Diskrepanzen zwischen unserem Inneren und der Umwelt zu lösen. Die Übung Kraftbilanz (siehe Seite 32) ist ein tolles Werkzeug, um in dieser Hinsicht die ersten Schritte zu gehen. Denken Sie daran, die Übung regelmäßig zu machen, besonders dann, wenn Sie nicht weiterkommen und es Ihnen nicht gutgeht.

Mutig die Maske entfernen

Das antrainierte Verhalten, aus dem die Maske besteht, ist tief verwurzelt in der Komfortzone. Daher ist es wichtig, den Schritt herauszuwagen, um dann auch die Wurzeln zu entfernen und sich endlich echt und wahr und neu zu begegnen: kraftvoll und vital und ohne das Leid der Welt auf den eigenen Schultern zu tragen. Denn, mal unter uns: Was bringt das? Außer Schulterschmerzen nichts!

Eine Maske zu tragen heißt, dass wir uns mit einem bestimmten Ausdruck darstellen. Wir geben vor, jemand zu sein, der wir nicht sind. Seien Sie mutig, stehen Sie zu sich. **Das funktioniert sogar im Berufsleben, wo wir meist überzeugt sind, nur mit Maske existieren zu können.** Wenn Sie immer wieder in todlangweiligen Meetings sitzen, überlegen Sie sich, was Sie in Zukunft tun könnten, um diese Besprechungen attraktiver zu machen. Lassen Sie Ihre Maske fallen und bereichern Sie diese Treffen. Eine gute Möglichkeit wäre, etwas Humorvolles einzubauen, um den Teamgeist zu stärken (siehe nächste Seite und Übung Seite 100). Man weiß heute, dass sich Mitarbeiter durch interaktive Unterbrechungen mehr Inhalte merken können und lieber zu den Meetings gehen. Sogar in der Erwachsenenbildung setzt man verstärkt auf solche originellen Einlagen. Denken Sie daran: Sie sind ein wundervoller Mensch. Und absolut einzigartig!

 ## Test: Lachen Sie gern?

Es ist tatsächlich möglich, seinen Gelotophiliefaktor (Gelophilie = die Liebe zum Lachen) zu erheben. Lassen Sie Ihre Kollegen den Fragebogen spontan ausfüllen und testen Sie damit deren Humor (– natürlich beantworten Sie die Fragen zuerst selbst). Mithilfe dieses kleinen Intermezzos zieht Lachen in Ihren Büroalltag ein.

Die 1 wird immer angekreuzt, wenn die Aussage überhaupt nicht zutrifft, die 2, wenn sie eher nicht zutrifft, die 3, wenn sie zutrifft, und die 4, wenn sie den Nagel auf den Kopf trifft.

1 Ich lächle oft: 1 2 3 4

2 Ich lache gern und oft: 1 2 3 4

3 Ich mag es, wenn die Menschen um mich lachen: 1 2 3 4

4 Ich lache auch am Morgen: 1 2 3 4

5 Ich erinnere mich, dass ich in meiner Kindheit gehänselt wurde: 1 2 3 4

6 Ich kann gut abschalten: 1 2 3 4

7 Ich lasse mich schnell von einer lustigen Stimmung anstecken: 1 2 3 4

8 Ich mag Bücher mit schwarzem Humor: 1 2 3 4

9 Ich lache über fremde und die eigene Ungeschicklichkeit: 1 2 3 4

10 Ich lache über eigene Scherze und die anderer: 1 2 3 4

11 Ich schaue mir gern Werbesendungen an: 1 2 3 4

12 Ich nehme die Dinge so, wie sie kommen: 1 2 3 4

13 Ich würde gern mehr lachen: 1 2 3 4

14 Ich habe auch schon einmal in einer unpassenden Umgebung gelacht: 1 2 3 4

15	Ich habe schon mal beim Liebesakt gelacht:	1 2 3 4
16	Ich höre gern lustige Geschichten:	1 2 3 4
17	Ich erzähle gern lustige Geschichten:	1 2 3 4
18	Ich lache laut oder leise je nach Situation:	1 2 3 4
19	Ich lache heute mehr als früher:	1 2 3 4
20	Ich bin ein vergnügter Mensch:	1 2 3 4
21	Mit meiner Gesundheit steht es gut:	1 2 3 4
22	Ich habe keine Schlafprobleme:	1 2 3 4
23	Meine Bekannten und Freunde würden mich als lustige Person charakterisieren:	1 2 3 4
24	Mir gelingt es, auch die komische Seite einer ernsten Sache zu sehen:	1 2 3 4
25	Ich finde oft einen Anlass zum Lachen:	1 2 3 4

Auswertung

Die Punkte für alle Fragen werden nun zusammengezählt. Dann ermitteln Sie mit Ihren Kollegen deren Gelotophiliefaktor und amüsieren sich gemeinsam über das Ergebnis.

1–25: Gelotophiliefaktor 1: Sie sind ein Trauerfall, Sie gehen zum Lachen in den Keller.

26–55: Gelotophiliefaktor 2: Es besteht noch Hoffnung. Gehen Sie häufiger ins Kabarett.

56–69: Gelotophiliefaktor 3: Heute ist wohl kein guter Tag!

70–83: Gelotophiliefaktor 4: Sie sind der geborene Mitlacher.

84–97: Gelotophiliefaktor 5: Warum sind Sie nicht Clown geworden?

98–100: Gelotophiliefaktor 6: Gehen Sie zu Ihrer Krankenkasse und verlangen Sie einen günstigeren Tarif.

Erkennen Sie Ihre Handlungssignale

Die Schöpfung hat uns mit Empfindungen, Gefühlen und Emotionen ausgestattet. Wir empfinden zum Beispiel Ärger, fühlen dann ein Rumoren im Bauch oder Herzklopfen und haben daraufhin die Gefühlsregung Wut. Wenn wir diese nicht unterdrücken, sondern klar zum Ausdruck bringen, indem wir uns auseinandersetzen, sind wir mit uns selbst im Einklang. Doch oftmals drücken wir uns eben nicht klar aus, sondern täuschen andere – und vor allem uns selbst. Es mag ja sein, dass es aus taktischen Gründen manchmal vorteilhaft ist, einem anderen ein X für ein U vorzumachen. Doch sich selbst? **Die Energie, die ausgedrückt werden will und zurückgehalten wird, verschwindet nicht. Sie geht nach innen.** Wir schlucken sie runter, reißen uns zusammen, halten uns im Zaum – wie einige der gebräuchlichsten Umschreibungen einer emotionalen Blockierung lauten. Wir stehen uns selbst im Weg. Wir bremsen uns aus. Wenn wir das zu oft tun, dann laufen wir sogar Gefahr, krank zu werden von all dem geschluckten Frust, in den sich das, was wir impulsiv ausdrücken wollten, durch die Gesetze der Maske verwandelt hat.

Emotionsbarometer

Stellen Sie sich vor, es gäbe ein Emotionsbarometer. Wo würden Sie sich auf der Skala zwischen 0 und 100 einordnen? Wie ehrlich bringen Sie Ihre Empfindungen und Gefühle zum Ausdruck? In meinen Seminaren ordnen sich die meisten Menschen im Mittelfeld ein. Das bedeutet, der Ausdruck von Gefühlen und Empfindungen findet zwar statt, ist aber sehr oft vom Umfeld geprägt. Die Laune ist mittelprächtig. Das Leben verläuft routiniert ohne Höhenflüge. Viele meiner Seminarteilnehmer ordnen sich jedoch noch darunter ein. Ihr Ausdruck von

Empfindungen und Gefühlen ist eher dürftig. Sie sind oft schlechter Laune, müssen diese aber vor allem im Berufsleben unterdrücken, und das sieht man ihnen auch an (hängende Schultern, verkniffener Mund, graue Gesichtshaut). Sie bewerten die Menschen und Dinge um sich herum sehr stark und geben anderen oft die Schuld an ihrer Situation (Opferhaltung siehe ab Seite 16). Häufig quälen sie sich durch den Tag. Richtig schlecht drauf sind diejenigen, die ihren Gefühlen und Empfindungen keinen Ausdruck mehr verleihen. Sie fühlen sich wie gelähmt. Ihre Lebensenergie richtet sich gegen sie selbst. Das endet oft im Burnout und in Depressionen. Hier ist therapeutische Hilfe gefragt!

Gefühle ausdrücken, anstatt sie zu schlucken

Finden Sie heraus, wann Sie etwas unterdrücken und hinunterschlucken! Spitzen Sie die Ohren und lauschen Sie in sich hinein. Dabei hilft Ihnen zum Beispiel die Übung auf der folgenden Seite. Nehmen Sie wahr, was wirklich ist, und erkennen Sie, was Sie fühlen. Jede körperliche Missstimmung lässt sich auch auf eine Ursache zurückführen. Finden Sie diese und geben Sie ihr Ausdruck. Dazu müssen Sie in einem konkreten Konfliktfall nicht sofort eine klärende Aussprache suchen, sondern können auch erst mit einem Vertrauten über das Problem sprechen.

In Rehakliniken wird sehr erfolgreich mit Maltherapien gearbeitet. Dabei können die inneren Gefühle unmittelbar in Form eines Bildes ausgedrückt werden. Vielleicht könnte das auch für Sie ein erster Schritt sein, Ihren Gefühlen Ausdruck zu verleihen, wenn es Ihnen schwerfällt, über sie zu reden. Auf jeden Fall: Legen Sie Ihre Maske ab und somit Ihre unterdrückten Gefühle!

Wir sind von klein auf so, wie wir wirklich sind, schon immer ganz vollkommen gewesen. Es geht im

Leben darum, das einzigartige Potenzial zu entfalten, das jeder Mensch von Geburt an in sich trägt. Ein jeder! Auch Sie!

Gefühle fließen lassen
Nutzen Sie alle körperlichen und geistigen Impulse, die Ihnen zur Verfügung stehen, und bringen

Übung: Achtsamkeit – 3 x 3 Minuten am Tag

- **Morgens:** Bleiben Sie noch drei Minuten im Bett liegen. Spüren Sie bewusst Ihren Atem und sehen Sie sich im Zimmer um. Ihre Aufmerksamkeit befindet sich dadurch im Jetzt.
Nun nehmen Sie Ihre Gefühle wahr. Sind Sie dumpf, angespannt, ärgerlich? Seien Sie sich sicher, Ihre Gefühle haben einen Grund. Fragen Sie sich, wo stehe ich mir im Weg? Welche Gedanken führen zu meinen Gefühlen? Hilfreich wäre es, sie aufzuschreiben. Dann haben Sie es direkt vor Augen. Nur was Sie sich bewusst gemacht haben, können Sie ändern.

- **Mittags:** Setzen Sie sich für drei Minuten an einen Platz, an dem Sie ungestört sind. Konzentrieren Sie sich wieder auf Ihren Atem. Nehmen Sie erneut Ihre Umgebung wahr, um ins Jetzt und Hier zu kommen.
Spüren Sie in sich hinein. Wie fühlen Sie sich? Was ist heute passiert, dass Sie sich so fühlen? Formulieren Sie wieder Ihre Gedanken aus.

- **Abends:** Machen Sie drei Minuten das Gleiche wie morgens oder mittags. Dann nehmen Sie bitte Ihre Notizen zur Hand und fragen Sie sich noch einmal: Wo stehe ich mir selbst im Weg?

Sie diese mit Ihren emotionalen Mitteln zum Ausdruck. Das kann Tanzen sein, Malen, Trommeln, Weinen, Schreien, Reden, Laufen, Lachyoga, Boxen, Judo – einfach allcs, was Ihren Geist und Körper in Einklang bringt. Mir hilft es zum Beispiel, meinen traurigen Gefühlen freien Lauf zu lassen, wenn ich eine Musik-CD einlege, bei der ich richtig weinen kann. So können auch Sie sich ausdrücken lernen, sich selbst verwirklichen und schließlich mehr leben als leiden!

Die Ampel umstellen

Stellen Sie sich eine Fußgängerampel vor. Bei Rot bleiben Sie stehen, bei Grün gehen Sie los. Immer wenn Sie in Zukunft das Gefühl haben, von Krafträubern besetzt zu sein, die Ihr Leben ausbremsen, stellen Sie selbst die Ampel auf Grün und gehen dorthin, wo das gute Leben wohnt: zu Ihren Kraftspendern.

Und nun sind wir beim Geheimnis der Verwandlung angelangt. Sicherlich haben Sie es selbst schon längst bemerkt: Erst die rote Ampel, erst die Entlarvung der Krafträuber befähigt Sie, aktiv auf Ihre Kraftgeber zuzugehen.

Die Krafträuber treiben Sie also Ihren Kraftgebern geradezu in die Arme. Insofern können Sie ihnen doch eigentlich mehr als dankbar sein, oder?

Von der Reaktion zur Aktion

Eine Reaktion beschreibt unser Verhalten aufgrund einer Stimulation von außen. Eine Aktion dagegen ist eine Maßnahme, die wir eigenständig zur Problemlösung ergreifen können. Immer wenn Sie mit Ihrer Lebenssituation dauerhaft hadern, wenn Ihr Leben nicht im Fluss und im Gleichgewicht ist, sollten Sie aktiv Entscheidungen herbeiführen: den Weg von der Reaktion zur Aktion einschlagen – und somit den Weg des Leidens unterbrechen, um im Leben anzukommen.

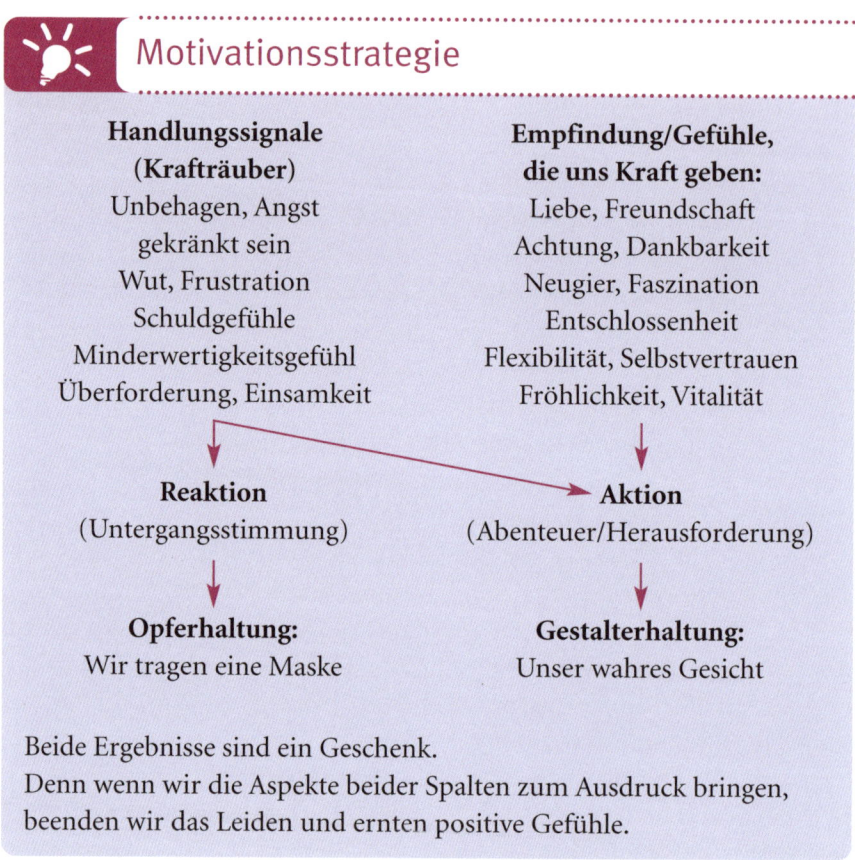

Motivationsstrategie

Handlungssignale (Krafträuber)	Empfindung/Gefühle, die uns Kraft geben:
Unbehagen, Angst	Liebe, Freundschaft
gekränkt sein	Achtung, Dankbarkeit
Wut, Frustration	Neugier, Faszination
Schuldgefühle	Entschlossenheit
Minderwertigkeitsgefühl	Flexibilität, Selbstvertrauen
Überforderung, Einsamkeit	Fröhlichkeit, Vitalität

Reaktion
(Untergangsstimmung)

Aktion
(Abenteuer/Herausforderung)

Opferhaltung:
Wir tragen eine Maske

Gestalterhaltung:
Unser wahres Gesicht

Beide Ergebnisse sind ein Geschenk.
Denn wenn wir die Aspekte beider Spalten zum Ausdruck bringen, beenden wir das Leiden und ernten positive Gefühle.

Ein Beispiel

Nehmen wir an, Sie stehen am Morgen unter der Dusche, die Sie eigentlich genießen könnten. Doch das tun Sie nicht. Stattdessen denken Sie wie üblich an die vor Ihnen liegenden Herausforderungen, die der Tag für Sie bereithält. Sie gehen

Ihren ganzen Tagesablauf durch und vergessen dabei, die herrlich entspannende Wirkung des Wassers zu genießen. So setzen Sie sich frühmorgens schon unter Druck. Sie agieren nicht. Sie reagieren. Der Autopilot steuert den immer gleichen Ablauf. Ihr Geist hat sich verselbstständigt und Ihnen schon beim Duschen Kraft geraubt, anstatt Kraft zu spenden.

Teufelskreis durchbrechen

Es gibt unzählige Beispiele dafür, wie wir im Tagesablauf automatisch reagieren. Unterbrechen Sie den Teufelskreis. Kommen Sie in die Aktion! **Ob Sie in der Reaktion verhaftet sind, erkennen Sie daran, wie Sie mit den Dingen und Menschen umgehen, die Ihnen begegnen.** Die meisten Menschen tragen ein buntes Gemisch an Krafträubern mit sich herum, die sich in ihren Vorstellungen offenbaren. Diese Vorstellungen haben nichts mit der Wirklichkeit gemeinsam, sondern gehören zur Maske:

Schneller, weiter, höher, besser sein als andere. Das ist ein Muster, das nur zu oft übernommen wird, ohne es jemals infrage zu stellen. Und so reagieren wir dann entsprechend unserer Annahmen, wie wir reagieren sollen.

In meinen Seminaren ist es stets ein sehr berührender Moment, wenn die Teilnehmer erkennen, wie oft sie ohne Eigenverantwortung und Selbstbestimmung handeln. Wie oft sie lediglich reagieren – noch dazu häufig auf eine Art und Weise, die sie im tiefsten Inneren nicht einmal selbst überzeugt. Sie tun, was die Maske ihnen diktiert. Sie finden Dinge gut, weil andere sie gut finden, sie lehnen Dinge ab, weil andere sie ablehnen, sie tun Dinge, weil andere sagen, dass sie sie tun sollen.

Ein Beispiel

Nach einem Vortrag sprach mich eine junge Frau an, die wegen starker Herzrhythmusstörungen in einer Klinik zur Therapie war. Ich

> *»Das ist mein Weg, welches ist Dein Weg?*
> *DEN Weg gibt es nicht.«* Friedrich Nietzsche

hatte davon gesprochen, dass das Geheimnis des Lebens Geben ist. Die Frau war mit einem Japaner verheiratet, der wegen ihr nach Deutschland gekommen war. Da er sich mit der deutschen Sprache sehr schwer tat, war er fast vollkommen von ihr abhängig und forderte permanent ihre Unterstützung. Langsam ging ihr die Kraft aus, doch sie schaffte es nicht, ihren Mann aufzufordern, an sich zu arbeiten und selbst Verantwortung zu übernehmen. Schließlich fing ihr Herz zu streiken an. In unserem Gespräch sagte ich ihr, dass Geben oft auch damit zu tun hat, anderen Hilfe zur Selbsthilfe zu geben und sich nicht bis zum Letzten aufzuopfern. Da wurde ihr klar, dass sie in die Falle der Nächstenliebe getappt war und lernen musste, ihr eigenes Gleichgewicht wiederzufinden. Tragen auch Sie Verantwortung für Ihr Seelenheil und lassen Sie sich nicht von anderen sagen, was Sie dafür brauchen!

Muster durchschauen

Überlegen Sie, wie oft Sie etwas nur wollten, weil andere es auch haben. Typische Beispiele sind Kleidung, Automarken oder Reisen. Wenn wir diese Mechanismen durchschauen, nehmen wir wahr, dass wir letztlich sehr fremdbestimmt sind und Muster anderer übernehmen, ohne diese zu hinterfragen. So funktioniert zum Beispiel auch Werbung. **Ein Mensch, der begreift, dass sich hinter einer vordergründigen Aktion eine Reaktion verbirgt, hat seine Komfortzone verlassen.** Er schult seinen Blick und lernt Reaktion von Aktion zu unterscheiden. Jetzt erst wird er wirklich handlungsfähig, denn er drückt sich selbst aus. Nicht das, was von ihm erwartet wird, sondern das, was er selbst als einzigartiges Individuum ausdrücken will. Menschen, die handeln, sind in der Aktion, und das macht sie vital und selbstbewusst. Wenn wir die Komfortzone verlassen und Verantwortung übernehmen, fliegen uns Kraftspender von allen Seiten zu. Doch wissen wir überhaupt, wie unsere echte Stimme klingt, wie unsere eigenen Vorstellungen vom Leben aussehen? Wissen wir, wer wir sind hinter der Maske?

Was wollen Sie wirklich vom Leben?

Wissen Sie, was Sie in Ihrem Leben verwirklichen wollen? Kennen Sie Ihre Ziele? Ihre eigenen, nicht die Ihrer Eltern, Freunde, Kollegen? Ist eine Schiffsreise durch die Karibik Ihr eigener Wunsch oder ist das nicht vielmehr ein Statussymbol, das im Grunde wenig mit Ihren Überzeugungen, Wünschen und Sehnsüchten gemein hat?

Fragen Sie sich: Was schenkt mir nachhaltig gute Gefühle? Viele Menschen kaufen sich irgendetwas, worauf sie vielleicht sogar lange gespart haben. Und dann sind sie bitter enttäuscht, denn die Freude hält nur kurz. Sieht so echte Freude aus?

Was macht uns froh?
Woran können Sie nachhaltige Freude erkennen? Kennen Sie sich gut genug, um zu wissen, was Ihnen wirklich guttut? Bei mir stellen sich positive Gefühle ein, wenn ich mit lieben Menschen zusammen bin – und die muss ich nicht unbedingt gut kennen. Beim Lachyoga, das ich in Seminaren unterrichte, bade ich förmlich in guten Gefühlen, und diese steigern sich noch, wenn ich auch andere mit meiner Freude anstecke. Ich weiß, dass Freude mich nährt, und deshalb suche ich sie gezielt. Das war nicht immer so in meinem Leben, das musste ich erst lernen. Deshalb bin ich auch zutiefst überzeugt davon, dass jeder Mensch es

lernen kann. Ich selbst war lange Jahre meines Lebens wie taub und blind. Ich trieb Raubbau an meinem Körper und beschäftigte mich ständig mit Reaktionen. Ich hatte vergessen, welche Möglichkeiten in mir schlummern. Irgendwann hatte ich die Maske aufgesetzt und es nicht mal gemerkt. Ich war ein Workoholic. Vierzehn bis sechzehn Arbeitsstunden pro Tag an sechs Tagen in der Woche waren für mich normal. Rückblickend sehe ich, dass mein Leben nur aus Anspannung und Ängsten bestand. Seinerzeit hatte ich gar keine Zeit, das zu erkennen, denn ich war rund um die Uhr beschäftigt. Im Alter von siebenunddreißig Jahren kam der erste Weckruf. Ein Tinnitus. Der hielt mich nicht auf. Ich versuchte ihn zu überhören und machte weiter wie bisher. Mit vierzig musste ich mich einer schweren Herzoperation unterziehen. Da konnte ich nichts mehr überhören oder wegschieben. Das war existenziell. Im Krankenhaus

erkannte ich, dass ich nicht so weitermachen konnte. Nicht nur meine Gesundheit war zusammengebrochen, mein ganzes Leben war betroffen, eine Scheidung stand ins Haus, aus dem ich obendrein ausziehen musste. Ich war mit den Trümmern meiner Illusionen konfrontiert. So stellte ich mir die grundsätzliche Frage: Wer bin ich und was erwarte ich vom Leben?

Was ist entscheidend?
Die Antworten, die ich fand, waren wie eine Strickleiter, mit deren Hilfe ich mich wieder nach oben kämpfte. Ich fing bei null an. Und es war gut so, denn ich war nun endlich angekommen bei mir selbst. Ich hatte mir die Maske vom Gesicht gerissen. Ich wusste jetzt, worauf es ankommt. Raus aus der Komfortzone und echt sein. Den Gefühlen trauen. Auf die Gefühle bauen. Gute Gefühle! Darauf kam es mir an: ein schönes Leben mit guten Gefühlen, und dazu brauchte ich keine Kreuzfahrt.

Ich lernte, dass ich keinen äußeren Luxus benötige, wenn ich über den Schatz des inneren Luxus verfüge: Mich selbst, mein ureigenes Sein ausdrücken zu können. Echt und frei sein – fast ein bisschen wie damals als Kind. Ich lernte wieder zu lachen, indem ich mit anderen Menschen Lachyoga machte, und zu weinen, weil ich den Schmerz nicht mehr unterdrückte. Das machte mich verletzlich und lebendig zugleich. Ich ließ das Leiden, das ich gar nicht als solches erkannt hatte, hinter mir. Ich lernte, was es bedeutet, für sein eigenes Leben im vollen Umfang verantwortlich zu sein, als ich kein Geld mehr verdiente, mit einem Minimum an Erspartem auskommen musste und drei Monate auf dem Zeltplatz lebte. Dabei wurde mir klar, dass das alles keine Belastung, sondern eine Befreiung war. Und ich erkannte, dass ich selbst derjenige bin, der die guten Gefühle steuern kann. Ich kann sie herbeirufen, wann immer ich das möchte.

Und das können Sie auch. Sogar ohne die Extreme zu durchleben wie ich, denn Sie halten ja bereits dieses Buch in der Hand. Sie wissen also schon, dass in Ihrem Leben etwas nicht stimmt, dass sich etwas ändern muss in Ihrem Denken, Ihrem Handeln. Dass Sie in die Aktion kommen und Ihre Komfortzone verlassen müssen.

Gehen Sie in sich

Wer sind Sie und was erwarten Sie vom Leben? Was ist Ihnen am wichtigsten? Und damit meine ich keine materiellen Werte, sondern die Dinge, auf die es letztlich ankommt: Liebe, Freiheit … Worauf legen Sie am meisten Wert? Nehmen Sie sich ein paar Minuten Zeit und schreiben Sie auf, was Ihnen einfällt. Wenn Sie es herausgefunden haben, können Sie zwischen vier Möglichkeiten wählen, wie Sie mit den anstehenden Entscheidungen, die Ihre wichtigsten Werte auch im Alltag auf die ersten Plätze rücken, umgehen möchten:

1 Ich will die Dinge sofort radikal ändern.

2 Ich will die Dinge mit kleinen Schritten ändern.

3 Ich will die Entscheidung vertagen, bis ich mehr Kraft habe.

4 Ich will leben wie bisher.

Das können Sie jetzt gleich ausprobieren, indem Sie Ihre Liste zu den fünf Krafträubern bearbeiten (siehe Seite 41). Notieren Sie also hinter jedem Ihrer fünf Krafträuber eine der vier vorstehend genannten Möglichkeiten …

Ein Beispiel

Angenommen Sie haben im Bereich Beziehung den Krafträuber »zu viel Arbeit« dingfest gemacht. Wie wollen Sie ihn in einen Kraftspender verwandeln? Möchten Sie das Problem radikal oder mit kleinen Schritten lösen, wollen Sie die Entscheidung vertagen oder vergessen? Das könnte dann wie folgt aussehen:

1 Ich will die Dinge sofort radikal verändern: Sie wissen, dass Sie einen Job wollen, wo Sie weniger arbeiten müssen. Entweder es besteht die Möglichkeit, Ihre Arbeit mit weniger Stunden fortzuführen, oder Sie kündigen und suchen eine Stelle, die Ihnen entspricht. Wo ein Wille ist, ist auch ein Weg.

2 Ich will die Dinge mit kleinen Schritten ändern: Sie analysieren, was genau zu viel Arbeit macht, und ob Sie nicht durch Umstrukturierungen der Arbeitsmethoden Zeit einsparen oder einen Teil der Arbeit delegieren könnten. Wenn das nicht geht, fangen Sie an, die Stellenanzeigen zu studieren und sich im Bekanntenkreis umzuhorchen. So können Sie sich langsam und gewissenhaft nach dem Motto: »Erst besinnen, dann beginnen«, nach einer neuen Stelle umsehen.

3 Momentan ist es mir nicht möglich, eine Veränderung anzugehen: Sie versuchen, sich etwas Auszeit zu gönnen zum Beispiel durch unbezahlten Urlaub oder indem Sie eine Zeitlang keine Überstunden mehr machen.

Wenn Sie wieder mehr Kraft haben, überdenken Sie die Möglichkeiten, die Ihre Situation verbessern könnten. Dabei sehen Sie sich schon in Ruhe nach Alternativen um, damit Sie flexibler agieren können.

4 Ich will nichts ändern: Sie fühlen sich trotz zu viel Arbeit wegen Ihrer netten Kollegen wohl im Job. Sie versuchen aber Ihre Freizeit sinnvoller zu nutzen, um sich körperlich einen Ausgleich zu schaffen. Verfahren Sie so mit allen Kraftraubern, die Sie enttarnt haben. Sie bestimmen Ihre Prioritäten und können demgemäß von der Reaktion zur Aktion schreiten. Das ist die Theorie. In der Praxis hat sich eine Zielcollage für diesen Prozess bewährt (siehe unten).

 ## Übung: Zielcollage

Bilder sagen mehr als tausend Worte und Gedanken. Erstellen Sie eine Collage, die zeigt, wie Sie sich Ihr Leben, Ihr echtes und einzigartiges Leben vorstellen. Nehmen Sie einen großen Karton und viele verschiedene Zeitschriften. Durchstöbern Sie diese nach Dingen, die in Ihnen gute Gefühle aufkommen lassen. Das können Landschaften, Pflanzen, Menschen, Speisen, Kleidung oder Musikinstrumente sein. Nehmen Sie am besten die Liste Ihrer Kraftgeber und schneiden Sie aus den Zeitschriften Dinge aus, die diesen ähneln und natürlich viel, viel mehr. Schöpfen Sie aus dem Vollen. Malen, kleben, schreiben Sie. Ihrer Kreativität sind keine Grenzen gesetzt. Wenn Sie fertig sind, hängen Sie die Collage an einen Ort, an dem Sie sich oft aufhalten. Atmen Sie tief durch. Schenken Sie sich ein Lächeln: »Ja. So sieht mein Leben aus, wenn ich in der Aktion bin. Ich trau mich! Ich mache den Schritt raus aus der Komfortzone!«

Das **Geschenk,**
das **Leben** heißt

Als wir Kinder waren, war unser Leben noch
ein *Abenteuerspielplatz.* Das kann es auch heute
wieder sein, wenn wir es wirklich wollen.

WISSEN SIE NOCH, WIE SIE LAUFEN LERNTEN? Wie bei allen
Kindern dieser Welt sah es wohl so aus: hinfallen, aufstehen, hinfallen, aufstehen … Unser Leben ist von Anfang an eine Abfolge von
Herausforderungen. **Wir haben damals nicht gedacht: »So ein Mist,
jetzt muss ich laufen lernen.« Nein, wir haben es einfach getan,** ohne
lang und breit darüber nachzudenken oder gar zu lamentieren. Und wenn
wir hingefallen sind, waren wir nicht verzweifelt und haben ans Aufgeben
gedacht. Wir haben uns einfach aufgerappelt zum nächsten Versuch.
Wir haben es immer wieder und wieder aufs Neue ausprobiert. Hinfallen,
aufstehen, hinfallen …; weinen, lachen, weinen … Bis wir auf einmal auf
unseren eigenen zwei Beinen standen. Wir fragten nicht, warum, weshalb,
wieso. Wir machten einfach. Genau das ist der Unterschied zu heute.
Als Erwachsene beschäftigen wir uns viel zu oft mit den drei W-Fragen.
Und das raubt uns Kraft. **Wir denken zu viel und tun zu wenig.** Wir sind
Meister des Jammerns geworden. Doch das lässt sich ändern!

Gewinnen Sie mit Mut und Humor

Wenn Sie ein kleines Kind bitten, einen Hund nachzuahmen, entsteht im Kopf des Kindes das Bild eines Hundes. Blitzschnell ist das Kind auf allen vieren, wedelt und hechelt – und wenn Sie Pech haben, werden Sie auch noch abgeschleckt. Sobald Sie einen Erwachsenen bitten, einen Hund nachzuahmen, werden Sie garantiert eine der drei üblichen Fragen hören: Wieso, weshalb, warum? Erwachsene kommen nur in den seltensten Fällen auf die Idee, dort anzuknüpfen, wo sie als Kinder standen, und einfach neugierig und vorurteilsfrei loszulegen. Einfach so, ohne groß nachzufragen. Als Erwachsene begrenzen und beschränken wir uns damit selbst oft in unserer Spontaneität, Kreativität und natürlichen Lebensfreude. Und wir merken es nicht einmal. Gerade so, als würde uns ab einem bestimmten Lebensalter keine Freude mehr zustehen.

Ja, sicher, ein vorsichtiges Verhalten ist in manchen Situationen klüger als einfach draufloszustürmen. In manchen Situationen! Nicht in allen! Doch häufig fragen wir nur noch: »Warum, Wieso, Weshalb?«, und handeln gar nicht mehr. **Also stellen Sie noch ein einziges Mal eine wirklich wichtige Frage, die da lautet, wann sich das Fragen lohnt. Wann sollen Sie fragen – und wann lieber nicht, wann ist es besser, beherzt zu handeln?**

Lebensfreude zurückerobern

Fragen haben ihren Sinn, wenn es darum geht abzuwägen, ob wir uns in eine Gefahr begeben oder nicht. Wenn Sie einen reißenden Bach auf einem wackligen Steg überqueren sollen, ist es klug, vorher nachzufragen, ob noch eine andere Möglichkeit besteht, nach drüben zu gelangen, um dann vielleicht zu erfahren, dass hinter der nächsten Biegung eine stabile

Brücke hinüberführt. Ein bekanntes Sprichwort sagt: Erst denken, dann handeln.

Ich würde Ihnen in vielen Situationen gern dazu raten, erst zu handeln und dann zu denken. Aber das ist natürlich total unvernünftig. Am besten, Sie vergessen das auch gleich wieder. Sie sind schließlich erwachsen und lassen sich auf so einen Quatsch nicht ein … Oder? Andererseits: Haben Sie sich schon einmal überlegt, ob Ihre schlechte Laune und Ihre Sorgen und Nöte vielleicht dort gezüchtet werden, wo auch die ganzen Bedenken- und Zweifelfragen wohnen? Dass es also einen Zusammenhang gibt zwischen den Fragen, die uns am Tun hindern, und unserem schlechten Befinden?

Auf zum Abenteuerspielplatz

Meiner Überzeugung nach haben viele Menschen mehr Spontaneität und Kreativität und natürliche Lebensfreude verloren, als zum Erwachsenwerden nötig wäre.

Doch wir können diese wundervollen Eigenschaften zurückgewinnen! Jeder und jede kann das. Waren sie denn überhaupt jemals wirklich fort? Ziemlich sicher schlummern sie noch in uns, und die Kunst liegt einfach nur darin, sie aufzuwecken. Das können Sie im Übrigen tun, ohne Ihre Schutzmechanismen zu vernachlässigen.

Neue Energie gewinnen

Würde es Ihnen Spaß machen, wieder richtig ausgelassen auf dem Boden herumzutollen? Vielleicht mit Ihren Kindern oder Enkeln? Oder würden Sie gern auch nur einfach so Blödsinn machen? Meine Seminarteilnehmer berichten mir von den verrückten Dingen, die geschehen, sobald sie es wagen, spielerische Elemente in ihren Alltag zu integrieren (siehe zum Beispiel die Übung Seite 29, 30). Sie verspüren mehr Lebensenergie und Freude. Und zwar nicht nur ein paar Sekunden lang. Diese Impulse führen zu einer

> »*Wir hören nicht auf zu spielen,*
> *weil wir alt werden. Wir werden alt,*
> *weil wir aufhören zu spielen.*« Helene Hayes

nachhaltigen Lebensveränderung –
vom Leiden in die Leidenschaft.
Leben ist schön! »Diese beiden
Seminartage haben mir gezeigt,
dass auch ich jederzeit verrückt
sein kann und darf«, schrieb mir
eine Teilnehmerin. »Dass ich meine
Lebensfreude, die ich längst verloren glaubte, wieder hervorholen
und in eine Energie umwandeln
kann, die zunächst mir selbst, aber
genauso auch meiner Familie und
meinem ganzen Umfeld zugute
kommt. Und das mit dem natür-
lichsten Ausdruck, der mir gegeben
wurde: dem Lachen.«
Wäre es nicht herrlich, wenn wir
uns unseren Abenteuerspielplatz,
zurückerobern könnten? Wenn wir
wie als Kind ohne Hemmungen.
Neues zulassen würden, voller Neugier und Entdeckerfreude? Dieses

Neue kann in Form von Menschen
auf uns zukommen, die uns ganz
neue Impulse geben. Aber auch in
Form von Problemen und Herausforderungen, durch die wir neue
Fähigkeiten erwerben. Wir gewinnen immer Erfahrung hinzu, weil
wir mit Neuem in der Regel anders
umgehen müssen als mit dem, was
uns vertraut ist.

Ein Beispiel

Einer meiner Seminarteilnehmer
lernte im Urlaub einen Musiker
kennen, der ihn motivierte, ein
Instrument zu erlernen. Für
meinen Teilnehmer bedeutete das,
ein Risiko einzugehen, da es ja
schiefgehen konnte. Dennoch
kaufte er sich ein teures Instrument, investierte Zeit und Geld für
den Unterricht, um dann irgend-

wann festzustellen, dass es ihm nur in der ersten Euphorie Spaß gemacht hatte und er gar kein Talent besaß. Schließlich musste er enttäuscht aufgeben. Ja, Freude und Schmerz liegen nah beisammen. Doch wenn er sich aus Angst vor der möglichen Enttäuschung überhaupt nicht auf das Ganze eingelassen hätte, hätte er auch die Freude aus seinem Leben ausgesperrt. Immerhin hat ihm das Üben und Spielen ja eine Zeitlang Spaß gemacht, und er hat eine interessante Erfahrung gewonnen.

Leben ist unberechenbar

Schmerz gibt es wirklich mehr als genug in der Welt. Bei der Freude kann nachgebessert werden. Dazu müssen wir einfach nur fortsetzen, was wir bereits in der Kindheit kannten und uns erneut unseren Abenteuerspielplatz basteln. Alles, was wir heute sind und in unserem Leben vorfinden, ist das Produkt unserer Gedanken und Bilder von gestern. Alles, was wir heute geistig neu erschaffen, wird sich durch unser Zutun in der Zukunft manifestieren. Wenn wir bewusst leben, verstehen wir, wie die Dinge zusammenhängen. Und dann staunen wir womöglich, wie einfach es ist!

Wir halten uns noch immer auf einem Abenteuerspielplatz auf, und es geht um dieselben Dinge wie früher: die Entwicklung von Fähigkeiten in Situationen, die nicht berechenbar sind. Fähigkeiten wie Durchhaltevermögen, um wirklich etwas durchzuziehen im Leben trotz widriger Umstände. Oder Frustrationstoleranz, um einen Rückschlag einzustecken, ohne daran zu verzweifeln und ängstlich durch die Welt zu laufen. Oder geistige Flexibilität, um nicht immer in denselben Bahnen zu denken. Das Leben hat immer zwei Seiten. Es ist niemals berechenbar, und das macht es spannend!

Das einzige, worauf man sich im Leben verlassen kann, ist, dass man sich auf nichts verlassen kann.

So knocken Sie das Jammern aus

Wir haben die Wahl, ob wir die Herausforderungen, die uns im Leben begegnen, meistern möchten. Manchen Menschen jagen Herausforderungen solche Angst ein, dass sie erst mal gar nichts tun und vielleicht auch dabei bleiben – bis zu ihrem Lebensende. Solche Menschen versuchen krampfhaft, am Bewährten festzuhalten. Das kennen sie, da fühlen sie sich sicher. Ein fataler Trugschluss, wie Sie mittlerweile wissen, da das Alte und Bewährte die Komfortzone kennzeichnet. Eine interessante Verhaltensalternative wäre es hier, sich für das Neue zu öffnen!

Wachsen oder Steckenbleiben?

Das Neue bringt unser Leben meist zum Fließen – und dabei können wir die positive Erfahrung machen, dass wir an Herausforderungen wachsen – ein Lernprozess, den jeder Mensch durchläuft, der sich ernsthaft darauf einlässt, und der uns sogar Lust an weiteren Herausforderungen beschert. So wachsen wir Stück für Stück in unsere Persönlichkeit hinein und strahlen dies auch nach außen aus: mit einem charismatischen Leuchten. Andere Menschen spüren, dass wir zu jenen gehören, die nicht gleich aufgeben, sondern dass wir uns mutig veränderten Umständen stellen. Bleiben wir dagegen in der Komfortzone, stecken wir fest in Druck, Panik und Lebensangst.

Neues als Geschenk annehmen

Wagen wir es, uns den Herausforderungen zu stellen, können wir morgens freudig den Tag begrüßen und ihn wie unseren besten Freund bitten, uns heute wieder etwas Interessantes zu servieren. Das können Dinge sein, die wir gern mögen. Aber auch solche, deren Wert wir erst dann erkennen, wenn wir sie ausprobiert haben. Solche »Geschenke«, die Sie überall und ständig kostenfrei erhalten können, möchte ich Ihnen ans Herz legen. Sie sind es, die uns im Leben wirklich weiterbringen. Sie tragen Freude in unsere Existenz. In ihnen ist Lebensfreude versteckt. Sie sind die Überraschungseier des Glücks. Viele solcher Überraschungseier möchte ich Ihnen nun zukullern lassen, um Ihre Sorgen und Probleme und vielleicht auch Ihr Leiden zu verkleinern und transformiert in Fluss zu bringen. Dazu werden wir uns auf den folgenden Seiten des Hilfsmittels Humor bedienen. Er wird das Transportfahrzeug sein, auf dem die gute Laune in Ihr Leben einzieht.

Wirksame Humortechniken

In meiner größten Lebenskrise hatte ich das Glück, Humortechniken kennenzulernen. Ich habe sie am eigenen Leib und Geist erprobt. Sicherlich gibt es auch andere Möglichkeiten, um Krisen zu meistern und Auswege und Lösungen zu finden. Unzählige meiner Seminarteilnehmer haben wie ich die Erfahrung gemacht, dass Humor ein besonders geeigneter Weg ist, uns vom Leiden in die Freude zu locken.

Die Techniken, die Sie nun kennenlernen, zeigen Ihnen das Licht am Ende des Tunnels. Regelmäßig angewandt und trainiert werden sie Ihre allgemeine Lebensgrundstimmung erheblich steigern und Ihnen Kraft spenden, um das Leben als Abenteuer, was es ja auch ist, anzunehmen und sich dabei gut zu fühlen. Durch Lernen und Üben der Humortechniken ist es möglich, sich eine humorvollere Lebenshaltung zu erobern und die Opferrolle ein für alle Mal hinter sich zu lassen: Willkommen bei den Gestaltern und Gourmets!

Denn Humor ist, wenn man trotzdem lacht und es trotzdem macht. Dazu gehört auch Mut, und der tut gut. Bitte beherzigen Sie dieses Motto bei allem, was Ihnen im Folgenden begegnet.

Das Thema Humor hat natürlich schon viele Menschen beschäftigt, ist sehr komplex und füllt etliche Bücher. Ich stelle Ihnen hier die aus meiner Sicht einfachsten und wirksamsten Aspekte und Techniken vor, mit denen ich Sie animieren möchte, nicht lang nach dem Warum zu fragen, sondern einfach mitzumachen. Es lohnt sich!

Das kleine Einmaleins des Humors

Ich bin sicher, dass viele Menschen den Humor gern als Werkzeug für ein genussvolleres Leben einsetzen würden, doch sie wissen nicht, wie sie das anstellen sollen. Humor – wie geht das? Muss man da Witze erzählen? Oder stolpern? Das Gesicht verziehen und die Zunge rausstrecken? Nein, das brauchen Sie alles nicht. Sie können aber.

Humor ist eine Lebenshaltung, eine Lebenseinstellung.

Zwanglos ausprobieren

Die Voraussetzung für das Wundermittel Humor und dafür, einen humorvollen Alltag zu erleben, ist, mit sich selbst humorvoll umzugehen. In diesem Kapitel möchte ich nun gern das Licht des Humors auch bei Ihnen entzünden. Wählen Sie unter den verschiedenen Techniken, die ich Ihnen im Folgenden vorstelle, diejenigen aus, die Ihnen wirklich gefallen, und wenden Sie diese dann in einem zwanglosen Rahmen an. Familie, Bekannte und Freunde sind herzlich dazu eingeladen. Üben Sie die Techniken, ehe Sie sie bei Menschen, die Ihnen nicht so vertraut sind, vorführen – in Ihrem Berufsleben oder wo auch

> »Aller Humor fängt damit an, dass man die eigene Person nicht mehr so ernst nimmt.«
>
> Hermann Hesse

immer. Schön wäre es natürlich, wenn Sie Familienmitglieder, Freunde und Bekannte um eine ehrliche Rückmeldung bitten, ob und wie die Techniken bei ihnen ankommen.

Aus zehnjähriger Erfahrung kann ich Ihnen garantieren, dass sie funktionieren. Und mehr noch: Sie sind ein wertvoller Schatz für Ihr Leben! **Allerdings müssen Sie damit rechnen, dass das Leid aus Ihrem Leben ausziehen wird, sobald der Humor einzieht, denn für beide ist kein Platz in einem Atemzug!**

Miteinander lachen

Bei allen aufgeführten Humortechniken geht es ausschließlich darum, Humor als Hilfsmittel einzusetzen, um das eigene Leben und das anderer Menschen zu bereichern und genussvoller zu machen. Auf gar keinen Fall sollen Sie damit andere verletzen. Es geht also nicht ums Auslachen, sondern immer ums Miteinanderlachen!

Das Wesen des Humors

Humor wird als eine Art Charaktereigenschaft betrachtet. Er gilt als eine geistige und soziale Fähigkeit, die bei sich selbst und anderen Lachen oder Entspannung hervorrufen kann. Ein Mensch, der Sinn für Humor hat, ist in der Lage, Widerständen, Herausforderungen und Ungereimtheiten kreativ zu begegnen, denn er nimmt sich selbst nicht zu ernst und gewinnt meist allem eine positive Seite ab.

Körperliche Auswirkungen

Mithilfe des Humors sind wir entspannt und vital zugleich. Denn er wirkt sich auf den gesamten körperlichen Zustand aus. Wenn wir uns ärgern oder wenn wir wütend sind, spannen wir unsere Muskeln an und verkrampfen uns. Das führt zu einer flacheren Atmung. Der Blutdruck steigt. Sind wir dagegen heiter, humorvoll und lebhaft, ist unsere Atmung tiefer, der Blutdruck normal, und unsere Muskeln sind entspannt.

Das Beste draus machen

Zwei Freundinnen unterhalten sich:
»Warum trägst du eigentlich keine Brille, wenn du mit deinem Freund unterwegs bist?«, will die eine wissen. »Du siehst doch ohne so schlecht.«
»Weil er mich so schöner findet«, antwortet die andere. »Und ich ihn übrigens auch.«

Fünf wichtige Regeln des Humors

1 Lernen Sie, über sich selbst zu lachen.

2 Humor funktioniert nur jetzt. Sollten Sie mit Ihren Gedanken und Gefühlen woanders sein, wird es schwierig. Humor klappt nur, wenn Sie präsent und wach sind; aufmerksam in Bezug auf sich selbst und auf andere.

3 Humor funktioniert nur auf Augenhöhe. Wenn Sie Menschen von vornherein bewerten: »Der ist gut, der ist unbegabt – die ist klug, die ist dämlich«, geht die Strategie Humor nicht auf.

4 Nicht jeder hat den gleichen Sinn für Humor. Erwarten Sie nicht, dass die Techniken bei jedem Menschen gleich und in derselben Intensität ankommen.

5 Guter Humor besteht aus Einfachheit, Beharrlichkeit und dem richtigen Zeitpunkt.

Humor, der von Herzen kommt, erreicht sein Ziel!

Die Regeln im Einzelnen

Schauen wir uns die fünf Regeln noch einmal genauer an. Nehmen Sie sich für jede einzelne ein paar Minuten Zeit, um in sich hineinzuhorchen und zu überprüfen, inwieweit Sie diese schon in Ihr

Leben integrieren. Schreiben Sie bitte die Antworten auf, sonst bleibt es nur ein Impuls in Ihrem Kopfkino und wird Ihnen nicht bewusst genug.

Lachen Sie über sich selbst

Zur Lebenskunst gehört meiner Meinung nach auch die Kunst, sich selbst nicht zu ernst zu nehmen. Dies ist der erste Schritt in ein humorvolleres Leben: sich selbst auf den Arm nehmen zu können. Andere über sich lachen zu lassen, ohne das persönlich zu nehmen. Anderen Menschen das Lachen über sich zu erlauben. Witze über sich selbst zu machen. Über sich selbst zu grinsen. Allein oder mit anderen. Fragen Sie sich: Wann, wo und wobei lache ich jetzt schon über mich? Bitte notieren Sie fünf Situationen: 1., 2.,3., …
Wer über sich selbst lacht, zeigt Größe. Er gewinnt dadurch Respekt. Heinz Erhard drückte das so aus: »Wer sich selbst auf den Arm nimmt, spart anderen die Arbeit.«

Humor funktioniert nur jetzt

Eine der größten Herausforderungen im Leben ist es, da zu leben, wo das Leben auch ist. Nämlich im Jetzt. Sie können nicht vorlachen oder zurücklachen. Sie können nicht im Voraus oder im Nachhinein humorvoll sein. Das geht nur jetzt. Lernen Sie, öfter im Jetzt und Hier zu sein, indem Sie sich auf das konzentrieren, was gerade ist. Nicht was morgen sein wird oder gestern war, sondern das, was Sie gerade erleben. Hören Sie den Menschen nicht zu, sondern hören Sie hin. Schauen Sie die Menschen an und nicht weg. Schulen Sie Ihre Wahrnehmung.

Machen Sie Denkpausen. Denn Denken bringt Sie immer in die Zukunft oder in die Vergangenheit. Horchen Sie in sich hinein: Wann und wo sind Sie oft abwesend? Notieren Sie auch hier konkret fünf Situationen: 1., 2., 3., …
Machen Sie regelmäßig die Achtsamkeitsübung von Seite 54. Vielleicht besuchen Sie auch einen

> *»Fang jetzt an zu leben, und zähle jeden Tag als ein Leben für sich.«* Seneca

Meditationskurs, um mehr Achtsamkeit für den Augenblick in Ihrem Leben zu etablieren.

Humor funktioniert nur auf Augenhöhe

Humor kann nur fruchtbar sein, wenn Einfühlungsvermögen für die eigene Situation und die Situation anderer Menschen vorhanden ist. Das setzt voraus, dass Sie Respekt und Achtung vor sich selbst und anderen Menschen haben. Dass Sie authentisch und warmherzig an die Dinge herangehen – und wenn nötig Geduld aufbringen. Dies bedeutet auch, eventuell eigene Erfahrungen und Begebenheiten einzubringen und zu nutzen, um ein ebenbürtiges Niveau herzustellen. Achten Sie jedoch bitte stets darauf, niemanden zu verletzen. Überlegen Sie: Welche Menschen bewerten Sie – und verhindern damit eine humorvolle Lebenshaltung? Notieren Sie wieder fünf Personen: 1., 2., 3., … Vielleicht möchten Sie aber auch in Ruhe gleich die ganze Liste Ihrer Freunde, Bekannten oder Familienmitglieder durchgehen?

Humor hilft, alle Eigenschaften einer Persönlichkeit zu verstärken und weiterzuentwickeln. Oder wie Albert Einstein es so humorvoll ausdrückt: »Um ein tadelloses Mitglied einer Schafherde sein zu können, muss man vor allem ein Schaf sein.«

Nicht jeder hat den gleichen Sinn für Humor

Jeder Mensch reagiert individuell verschieden auf Humortechniken. Das liegt vor allem an seiner Tagesform, aber auch an seinem Temperament und Charakter.
Sollte die praktizierte Technik nicht gleich Wirkung zeigen, lassen Sie

sich nicht entmutigen und nehmen Sie das nicht persönlich. Versuchen Sie es mit einer anderen Technik. Irgendeine klappt immer!

Überlegen Sie: Welche Menschen haben Ihr Lachen und Ihren Humor in der Vergangenheit geprägt? So wird vermutlich auch Ihr Sinn für Humor sein. Notieren Sie jetzt wieder fünf Personen: 1., 2., 3., … Akzeptieren Sie andere Menschen, so wie sie sind, auch wenn diese Ihren Humor nicht so wahrnehmen wie Sie selbst, da sie ja ebenfalls von eigenen Humorvorbildern geprägt wurden.

Guter Humor besteht aus Einfachheit, Beharrlichkeit und dem richtigen Zeitpunkt

Haben Sie schon einmal beobachtet, wie der Humor von Kindern funktioniert? Sie machen einfach etwas Witziges. Spontan, kurz und schmerzlos. Ohne zu denken. Um das wieder genauso hinzubekommen, sollten wir die Einfachheit in unserem Leben kultivieren.

Zum Beispiel, indem wir uns auf das Jetzt im Leben konzentrieren und dies üben, üben, üben. Wenn Sie bemerken, dass Sie gedanklich wieder in die Zukunft oder Vergangenheit abdriften, holen Sie sich immer wieder ins Jetzt zurück! Das geht am einfachsten, wenn Sie sich auf Ihre Atmung konzentrieren.

Sie werden durch diese Selbstschulung ein Gespür dafür entwickeln, wann der richtige Zeitpunkt ist, um Humortechniken bei sich selbst und anderen einzusetzen.

Überlegen Sie: Auf welche Lebenssituationen reagieren Sie kompliziert? Das heißt, wann malen Sie sich schon im Vorfeld aus, wie etwas werden könnte oder sein sollte? (Wenn Sie zum Beispiel einen Witz erzählen, brauchen Sie die Sicherheit, dass er bei Ihrem Publikum ankommt – das verkrampft!) Notieren Sie nun wieder fünf typische Situationen: 1., 2., 3., … Lenken Sie verstärkt Ihre Aufmerksamkeit auch auf einfache Dinge in Ihrem Leben.

> *»Der große Weg ist sehr einfach, aber die Menschen lieben die Umwege.«* Lao-Tse

Schluss mit unlustig: Humorinterventionen

Wir intervenieren, wenn wir dazwischentreten, uns einschalten. Mit Humor können wir sehr viel erreichen, gerade auch in scheinbar festgefahrenen Situationen. Den Humor einzuschalten bedeutet nichts anderes, als ein Problem auszuschalten, einen Krafträuber zu entwaffnen, denn so heißt es doch: Humor entwaffnet. Nachfolgend ein kleiner Überblick über die positiven Auswirkungen von Humorinterventionen: Sie …

- machen Gespräche lebendiger,
- bauen hilfreiche Nähe auf,
- stellen Leichtigkeit her,
- lassen eine gute Atmosphäre entstehen,
- regen zum Nachdenken an,
- lockern eine Situation auf,
- sorgen für Entspannung,
- stellen eine offene Gesprächssituation her,
- sorgen für eine erhöhte Aufmerksamkeit,
- fördern das Bewusstsein, dass wir alle in der gleichen Position sind, also im selben Boot sitzen.

Einsatz von Humortechniken

1 Erste Hilfe – Humortechnik komische Wirklichkeit:
Ein Kind lässt sich nicht mehr beruhigen und liegt weinend auf dem Boden. Malen Sie sich mit Lippenstift zwei rote Punkte oder rote Tränen auf die Backen und legen Sie sich auf den Boden. Tun Sie so, als würden auch Sie weinen.

2 Vermittlerrolle – Humortechnik komische Perspektive:
Ihre Nachbarn streiten sich vor der Haustür wegen einer Kleinigkeit. Sie kommen zufällig dazu und

sagen: »Hallo, ihr zwei! Ihr streitet schon wieder? Das ist aber viel zu leise! Nehmt euch ein Beispiel an Müllers von nebenan. Die streiten so laut, dass selbst Ohropax nichts mehr hilft.«

3 Versöhnung – Humortechnik Verschiebung:
Ihr Partner ist beleidigt, weil Sie wieder mal unpünktlich sind. Sie sagen: »Hallo, mein Schatz. Ich weiß, zu spät zu kommen ist eine meiner Stärken. Erinnerst du dich noch, so haben wir uns kennengelernt …, weil ich die U-Bahn versäumt habe!«

4 Wahrnehmung der Fülle von Möglichkeiten – Humortechnik Überraschung:
Ihre alleinstehende, sympathische Nachbarin beziehungsweise Ihr attraktiver Nachbar fragt Sie, was Sie beruflich eigentlich machen. Sie antworten: »Danke für Ihr Interesse. Ich bin Trainer für Stressmanagement, habe aber noch eine andere Berufsmacke. Ich lese Gedanken, und die sagen mir, dass Sie gern Rotwein trinken, und so habe ich vorsichtshalber heute Abend einen Tisch beim Italiener für uns zwei bestellt.«

5 Entgiftung der Psyche – Humortechnik Übertreibung:
Sie denken an die Arbeit und daran, was Sie noch alles zu erledigen haben. Dabei setzen Sie sich enorm unter Druck, gönnen sich keinen Moment Pause und sind sehr angespannt. Ihr innerer Dialog läuft wie automatisch ab: »Mensch, es ist noch so viel zu tun, wie soll ich das bloß alles schaffen!«
Geistesblitz: »Ha! Das ist ja witzig! Wie ich mich wieder selbst in die Pfanne haue. Ich weiß, ich bin ein ganz fauler Hund, und Hunde kennen keine Eile. Jetzt esse ich erst mal was in aller Ruhe.«

6 Auflösen oder Verlassen der Trägheit – Humortechnik Selbstironie:
Sie stehen morgens unter der Dusche, und anstatt an die bevorstehenden Aufgaben zu denken, nehmen Sie den Brausekopf in die

Hand und singen Ihr Lieblingslied laut in dieses »Mikrofon« hinein.

7 Heilung ohne hohe Kosten – dafür hohes Vergnügen! Humortechnik Empathie:

Eine Teilnehmerin an einem meiner Seminare litt unter ihrer starken Schüchternheit und konnte diese durch verschiedene Lachyoga-Klatschübungen überwinden. Es gelang ihr endlich, auf andere Menschen zuzugehen und dabei Augenkontakt zu halten. Nach und nach führte dies zu gravierenden positiven Veränderungen in ihrem Leben. Vielleicht fragen Sie sich nun, warum ausgerechnet Klatschen geholfen hat. Wann haben Sie das letzte Mal Erwachsene ohne Grund klatschen sehen? Wenn Sie klatschen, nur aus der Lust am Klatschen heraus, können Sie sich dabei intensiv spüren. Und wenn Sie mit anderen klatschen, müssen Sie sich einlassen und ihr Einfühlungsvermögen aktivieren. Beim Einzelcoaching setze ich die folgende Übung gern ein, bevor ich mit den Klienten ins Gespräch gehe.

Wie in den vorstehenden Beispielen aufgeführt, können Sie gleichermaßen mit sich selbst und mit anderen Menschen humorvoll umgehen. Ihrer Fantasie sind dabei keine Grenzen gesetzt. Nachfolgend noch eine kleine Anregung, damit Sie auf

Übung: Humortechnik Empathie

- Spreizen Sie die Finger an beiden Händen und halten Sie diese unter Spannung.
- Dann sagen Sie: »HohoHaha« und klatschen sich ein oder zwei Minuten mit Ihrem Gegenüber ab.
- Halten Sie währenddessen die ganze Zeit Augenkontakt.
- Fehlt das Gegenüber, klatschen Sie einfach sich selbst ab.

Übung: Humortechnik komischer Perspektivenwechsel

Verändern Sie Ihre Perspektive und nehmen Sie zum Beispiel gedanklich auf dem Mond Platz. Schauen Sie auf die Erde herab und wundern Sie sich über die Menschheit. Und dann betrachten Sie mal Ihre Probleme. Von oben. Von weit, weit oben. Sind sie noch immer so groß wie zuvor oder haben sie aus der Entfernung an Kraft verloren? Oder Sie stellen sich vor, dass Sie der einzige Mensch auf unserem Planeten sind. Alle anderen sind Außerirdische. Oder wie würde es sich anfühlen, wenn Sie eine Heuschrecke wären?

Humortechniken sind dafür da, altes Denken zu sprengen. Fühlen Sie, was der Perspektivenwechsel mit den alten Mustern macht. Meistens stellt er einen hilfreichen Abstand zum eingefahrenen Denken her.

den Geschmack kommen, wie leicht es ist, das Leben mit einer Prise Humor zu verändern. Ein wahres Zaubermittel ist es, die eigene Perspektive zu verändern. Und welche Perspektive liegt hier näher als eine komische? Entdecken Sie mithilfe der Übung oben eine komische Weltsicht. Alles, was gerade auf der Welt passiert, nennen manche Zeitgenossen ohnehin nur einen »riesengroßen kosmischen Witz«.

Offen sein für Komik

Kinder spielen permanent mit solchen Verwandlungen. Sie versuchen dem Umfeld und der Natur komische Seiten abzugewinnen. Für ein Kind ist es auch keine komplizierte Sache, einem Stock einen Namen zu geben und mit diesem Stock zu sprechen, ihn auszuschimpfen und mit ihm zu lachen. Fangen auch Sie wieder damit an! Holen Sie sich Ihr inneres Kind und Ihren Humor zurück! Das können Sie im Alltag ganz wunderbar ausprobieren, indem Sie zum Beispiel Ihrem Fahrrad und/oder Auto einen klangvollen Namen geben. Wenn Sie dann damit fahren, klopfen Sie öfter auf den Lenker oder das Armaturenbrett und sagen Sie lächelnd den Namen Ihres Gefährts. Sie werden sehen, das macht gute Laune.

Humorjudo: So werden Sie schlagfertig und unschlagbar

Diese Technik ist die beste Möglichkeit, Humor als Lebenshaltung praktisch umzusetzen. Sie können Humorjudo immer und überall anwenden. Humorjudo bedeutet, den Angriff des Gegners zu nutzen. Der Gegner kann hierbei in Ihnen selbst wohnen, er kann sich durchaus unter dem Deckmantel Ihrer Gefühle, Gedanken oder Empfindungen verstecken. Selbstverständlich kann der Gegner auch ein anderer Mensch sein oder die Natur,

die mit Dauerregen nervt, sodass das ersehnte Open-Air-Konzert oder die Grillparty mit sämtlichen Ersatzterminen ins Wasser fällt.

Den Schwung des Angreifers nutzen

Paul Watzlawick, ein bekannter Psychologe, der sich intensiv mit humorvoller Kommunikation beschäftigt hat, nannte diese Art von Kampfsport ohne Kampf und Sport schon vor dreißig Jahren Judotechnik. Beim Humorjudo nutzen Sie – wie auch beim ursprünglichen Judo – den Schwung des Angreifers, indem Sie ihn und die Zielrichtung seines Angriffs bestätigen und somit noch verstärken. Für diese Technik brauchen Sie:

- Aufmerksamkeit,
- Achtsamkeit,
- Akzeptanz.

Sie machen Ihren Gegner, ob der das will oder nicht, zu Ihrem Verbündeten, indem Sie akzeptieren, was gerade ist. So läuft der Angreifer ins Leere. Da Sie sich nicht wehren, fehlt der Angriffspunkt. Dergestalt nehmen Sie dem Angreifer den Wind aus den Segeln. Eine paradoxe Situation entsteht. Allerdings nur, wenn Sie die Kunst des Humors beherrschen und Dinge und Menschen nicht pausenlos in gut und schlecht unterteilen. **Wer akzeptiert, was ist, muss nicht einteilen und bewerten.** Der akzeptiert, was ist. Punkt. Das bedeutet, Sie erkennen und akzeptieren, was Ihnen die Welt anbietet.

Ein Beispiel

Es ist so ähnlich wie beim Volleyball. Ihr Mitspieler aus dem gegnerischen Team spielt Ihnen einen Ball zu, Sie nehmen ihn an als das, was gerade ist, Sie akzeptieren ihn. Und dann machen Sie ein neues Angebot und geben den Ball wieder zurück, etwas fester oder leichter, nach links oder rechts. Jetzt ist erneut Ihr Gegenspieler dran. Auch er muss akzeptieren, was ist, um den Ball gut zurückzubringen. Er wird keinen Erfolg verbuchen können,

wenn er die Arme vor der Brust verschränkt und erst mal eine Diskussion beginnt, indem er sich beschwert, weil er den Ball lieber zwanzig Zentimeter weiter rechts oder links gehabt hätte. Und überhaupt findet er den Ball nicht schön genug, er hätte ihn lieber in blau, nicht in weiß.

Bei Widerständen: nicht zu viel bewerten

Erinnern Sie sich an Ihre Antwort auf die Frage, welche Menschen Sie bewerten – und damit eine humorvolle Lebenshaltung verhindern? (Siehe Seite 76.) Widerstände bei der Judotechnik verweisen meist auf ein zu starkes Bewertungssystem. Versuchen Sie mit kleinen Schritten und großer Motivation, sich diese Gewohnheit abzutrainieren. Sie bringt Sie nicht auf die Sonnenseite des Lebens, im Gegenteil: Sie hält Sie im Schatten fest. Sobald Sie anderen Menschen und auch sich selbst wertfrei begegnen, klappt die Judotechnik einwandfrei!

 ## Voraussetzungen für Humorjudo

Humorjudo kann nur funktionieren, wenn Sie

- innerlich Ja zu sich selbst, anderen Menschen und der Welt sagen. Sobald Sie eines davon in Ihrem Leben ablehnen, klappt es nicht. Das ist die Voraussetzung, um Empathie oder Einfühlungsvermögen aufzubauen.
- etwas bestätigen, was gerade ist oder gewesen ist. Dadurch akzeptieren Sie, was gerade ist oder war – mehr noch. Sie erkennen es an, würdigen es.
- etwas Neues ins Leben bringen, ein neues Angebot machen, eine neue Strategie anwenden, um die verfahrene Situation auszugleichen.

Zwei Beispiele

Die beiden Beispiele aus meiner Seminarpraxis zeigen sehr schön, wie Humorjudo klappen kann.

Humorjudo mit Bestätigung

Eine Frau beschwerte sich nach einem Seminar über ihren Mann, dass er beim Autofahren ausfallend und aggressiv sei, schimpfe und fluche. Das belaste sie so sehr, dass sie keine Lust mehr habe, mit ihm Auto zu fahren. Sie bekäme schon lange vor geplanten Fahrten Magenschmerzen und sei angespannt und schlecht gelaunt. Dummerweise sei sie aber auf ihren Mann angewiesen, da sie selbst keinen Führerschein habe. »Was kann ich tun, um diese Situation zu verändern und mein Leiden loszuwerden?«, fragte sie verzweifelt.

● **1. Schritt: Ja sagen zum Leben**
Ich riet ihr: Setzen Sie sich, auch wenn es Ihnen verständlicherweise schwerfällt, trotzdem neben Ihren Mann ins Auto, und sagen Sie Ja zu ihm und der ganzen Situation.

• 2. Schritt: Bestätigung

Sobald Ihr Mann zu schimpfen und zu fluchen beginnt, sagen Sie zu ihm: »Eigentlich gefällt mir, dass du immer so fluchst und schimpfst beim Autofahren, denn du hast ja recht. Es sind wirklich nur Idioten auf der Straße unterwegs.«

• 3. Schritt: neues Angebot

Bitten Sie Ihren Mann: »Ich möchte auch so fluchen und schimpfen wie du. Bitte sprich doch mal langsamer. Ich würde gern mitmachen!« Noch während ich der Teilnehmerin meine Strategie auseinandersetzte, fing sie zu lachen an und konnte sich kaum mehr beruhigen. Obwohl sie starke Bedenken hatte, ob sie sich das trauen würde, versprach sie mir, es auszuprobieren. Zwei Wochen später rief sie mich an und berichtete mir stolz, dass sie es geschafft habe. Ihr Mann sei so perplex gewesen, dass er zuerst überhaupt nichts mehr gesagt habe und dann lachen musste wie selten zuvor. »Ich fahre nun wieder richtig gern mit meinem Mann Auto, und diese Episode hat mir nicht nur unterwegs geholfen, sondern insgesamt hat sie unserer ganzen Ehe gutgetan. Es ist jetzt irgendwie … lebendiger und fröhlicher. Und wir fluchen abwechselnd wie zwei Kutscher auf dem Bock oder sind ganz friedlich.«

Humorjudo mit Übertreibung

Übertreibung ist eine der wirkungsvollsten Humortechniken. Indem wir ein Problem übertreiben, relativiert sich dessen Wichtigkeit. Kinder sind übrigens absolute Meister der Übertreibung. Diese wunderbare Technik funktionierte auch bei meinem zweiten Beispiel: Am ersten Tag eines Humorseminars vertraute uns eine Teilnehmerin in der Vorstellungsrunde an, dass sie fix und fertig sei, da sie sich nach sechsjähriger Beziehung von ihrem Freund getrennt habe, den sie zwar sehr liebe, unter dessen Eifersuchtsanfällen sie aber auch sehr gelitten habe. Nun müsse sie pausenlos an ihn denken und wisse nicht, ob es richtig sei, an diesem Seminar, auf das sie sich eigentlich gefreut hatte, teilzunehmen. Sie sei sehr traurig und es gehe ihr ziemlich schlecht.

● 1. Schritt: Ja sagen zum Leben

Ich riet der Teilnehmerin, Ja zu ihrem Gefühl und zu ihren Empfindungen zu sagen und sie anzunehmen, anstatt zu versuchen, sie zu unterdrücken, hinunterzuschlucken oder zu verdrängen.

● 2. Schritt: Wiederholung

Ich riet ihr außerdem, ihre Gefühle zu verstärken. Nach dem Seminartag sollte sie sich vor einen Spiegel stellen und ganz bewusst ihre Schultern hängen lassen und mit weinerlichem Tonfall und jämmerlicher Mimik sagen: »Ich bin so arm dran. Es geht mir so schlecht! Ich bin so furchtbar einsam.«

● 3. Schritt: neues Angebot

Dann sollte die Teilnehmerin die Stimme wieder zuversichtlicher erklingen lassen und sich selbst Mut zusprechen: »Obwohl es mir so schlecht geht, schließe ich mich jetzt der Gruppe an und gehe mit den anderen ins Kino.«

Letzteres konnte ich anbieten, da ich die Pläne der Gruppe kannte. Am nächsten Tag erzählte mir die Teilnehmerin verblüfft von der Wirkung dieser kleinen Drei-Schritte-Übung. Obwohl sie es nicht für möglich gehalten hatte, musste Sie über sich selber lachen, als sie ihre Jammerarie vor dem Spiegel abzog. Sich anschließend Mut zuzusprechen gelang ihr ebenfalls, und sie war abends tatsächlich so weit, mit den anderen Teilnehmern einen schönen Abend zu

> »*Der Humor gewinnt manchmal Schlachten, die Kraft und Vernunft verlieren würden.*«
> Juan Carlos Abellá

Judotechnik Schnelltest

Probieren Sie die Technik des Humorjudos mit folgenden drei Lernschritten aus:

1 Erinnern Sie sich an zwei Situationen, in denen Sie es sich gewünscht hätten, schlagfertiger zu reagieren, als es Ihnen gelungen ist. Wie gern hätten Sie eine pfiffige Bemerkung parat gehabt! Leider fiel Ihnen nichts ein.

2 Nun darf Ihnen etwas einfallen: Überlegen Sie sich einen oder zwei Kommentare, die Sie damals gern losgeworden wären. Sprechen Sie sich diese im Geiste mehrere Male vor, gern auch laut.

3 Da ist Sie schon, die Situation, auf die Sie insgeheim gewartet haben. Diesmal machen Sie es besser: Zögern Sie keine Sekunde und gehen Sie mit dem Drei-Schritte-Programm wie in den Beispielen vor. Sagen Sie Ja zu der Situation, verstärken Sie sie und machen Sie ein neues Angebot in Form einer pfiffigen Antwort.

Sie haben nichts zu verlieren, Sie können nur gewinnen. Wo die Angst ist, ist der Weg. Angst kann uns nicht nur lähmen, sondern im positiven Fall auch aktivieren.

genießen, zuerst im Kino und anschließend in einer Kneipe. Eine Woche nach dem Seminar rief sie mich an und berichtete mir, dass es ihr schon viel besser gehe und sie es sich zur Gewohnheit gemacht habe, wann immer die Gefühle der Traurigkeit und Einsamkeit sie zu überfluten drohten, ihnen mit diesen drei Schritten zu begegnen.

Es wäre schön, wenn die beiden vorgenannten Beispiele Sie überzeugen würden, es auch einmal mit den drei Schritten zu versuchen.

Mit Humorjudo auf dem Weg zu mehr Lebensfreude

Ich selbst habe in den letzten Jahren die allerbesten Erfolge bei mir selbst und in meinen Seminaren erzielt. Auf einen Nenner gebracht: Es ist der kürzeste Weg, Lebensfrust in Lebenslust zu verwandeln. Bitte beachten Sie jedoch bei der Durchführung unbedingt die fünf Regeln von Seite 74.

Die verschiedenen Techniken des Humorjudos haben eine Gemeinsamkeit: Stets geht es darum, die andere Seite der Medaille zu entdecken. Die Welt aus einem neuen Blickwinkel zu betrachten und den Widersinn im Sinn zu erkennen.

Ein Beispiel

Wenn Sie dranbleiben und fleißig üben, werden Ihnen in Zukunft ständig neue Spielarten des Humorjudos einfallen. Was genau bei Humortechniken in uns abläuft und welche Änderungen sie in uns hervorrufen, werde ich im folgenden Abschnitt erläutern.

Zuerst noch ein kleines Beispiel dafür, wie Sie auch ganz alltägliche Situationen, die frei von irgendwelchen Problemen oder Konflikten sind, mit ein wenig Humorjudo aufpeppen können:

● **1. Schritt: Ja sagen zum Leben**
Angenommen, Sie kaufen jeden Morgen auf Ihrem Weg zur Arbeit beim selben Kiosk bei derselben Person Ihre Zeitung und einen Coffee to go.

> »An seinem Ärger festzuhalten ist genauso wie eine glühende Kohle in die Hand zu nehmen, um sie nach jemanden zu werfen; du bist derjenige, der sich verbrennt.« Buddha

- **2. Schritt: Bestätigung**

Der Kioskbesitzer begrüßt Sie jeden Morgen mit einem fröhlichen »Hallo«, und Sie erwidern den Gruß Tag für Tag auf die gleiche Art und Weise und geben dann Ihre Bestellung auf.

- **3. Schritt: Ein neues Angebot machen**

Sie verlangen Ihre Zeitung, einen Milchkaffee und verlassen dann die alltägliche Routine. Sie unterbreiten ein ganz neues, unerwartetes Angebot: »Bitte ein Pfund blaue Zuckerwatte.«

Das Heiterkeits- und Lachnetzwerk

Als ich mich in meiner Gesundheits- und Leidenskrise immer mehr dem Thema Lachen, Humor und Lebenslust zuwandte, stieß ich auf das Heiterkeits- und Lachnetzwerk. Dieser Begriff wurde von dem Psychologen Willibald Ruch geschaffen, der sich mit den körperlichen und psychischen Auswirkungen des Lachens beschäftigt (Gelotologie, siehe auch Fragebogen Seite 50).

Er bezieht sich auf die Erkenntnis, dass beim Lachen stets drei in Verbindung auftretende Komponenten beteiligt sind.

Wichtige Komponenten

1 Die kognitive Komponente
Zu den kognitiven Fähigkeiten des Menschen zählen die Aufmerksamkeit, die Erinnerung, das Lernen, das Planen, die Orientierung, der Wille, der Glaube, die Argumentation und die Imagination, sprich das Vorstellen von Bildern.

2 Die emotionale Komponente
Bestimmt haben Sie schon mal den Begriff emotionale Intelligenz gehört, mit dem die Fähigkeit gemeint ist, mit eigenen und fremden Gefühlen umgehen zu können, um Stress zu vermeiden und Konflikte nicht eskalieren zu lassen. Bestes Hilfsmittel hierbei ist der Humor.

3 **Die motorische Komponente**
Diese beinhaltet verschiedene Techniken und Varianten, wie wir uns bewegen und antreiben.

Lachen leicht gemacht

Diese vorgenannten Komponenten sind im Gehirn so eng miteinander verknüpft, dass von einem neuronalen Netzwerk gesprochen wird. Sobald eine Komponente aktiv wird, treten die anderen in der Regel mit in Aktion. Zum Beispiel:

Ich erzähle Ihnen einen Witz, Sie lachen – und haben dann gute Gefühle. Oder ich lache bei einer Lachyogaübung, Sie bekommen gute Gefühle und haben dadurch positive Gedanken. Oder Sie sind verliebt, genießen dadurch positive Gedanken und lachen dann.
Ich selbst habe in meiner Lebenskrise deutlich wahrgenommen, dass dieses Netzwerk tatsächlich in mir existiert. Kognitiv und emotional, empfindungs- und gefühlsmäßig war es für mich sehr schwie-

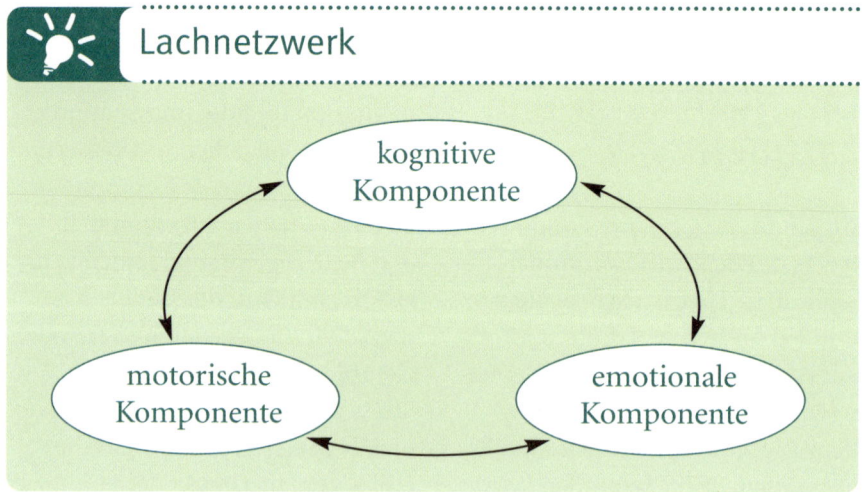

Lachnetzwerk

kognitive Komponente

motorische Komponente

emotionale Komponente

rig, etwas in meinem Leben zu verändern. Was mir übrig blieb, war der motorische Bereich.

Eines zieht das andere nach sich
So entdeckte ich das Lachyoga für mich und trainierte regelmäßig mindestens drei bis vier Stunden pro Woche. Das Ergebnis war erstaunlich – am allermeisten für mich selbst. Trotz meines desolaten Zustands, meiner Sorgen und Ängste und eines Bergs an Problemen veränderte sich meine Grundstimmung stetig zum Besseren. Ich hatte einen mächtigen Kraftspender entdeckt! Der Humor kehrte in mein Leben zurück und ich konnte neue Herausforderungen auch mental und emotional angehen.

 ## Übung: Lachen fürs Selbstbewusstsein

Wie schön wäre es, wenn Sie nie vergessen würden, wie wundervoll Sie sind. Das Selbstwertlachen erinnert Sie daran.

- Üben Sie in einem Raum, in dem Sie ungestört sind und sich wohlfühlen.
- Stellen Sie sich vor einen Spiegel und schauen Sie sich in die Augen.
- Legen Sie die Spitzen von Zeigefinger und Daumen der rechten Hand zu einem kleinen Kreis zusammen.

- Lachen Sie sich selbst jetzt möglichst laut zu und bewegen Sie dabei die Hand vor und zurück, so als wollten Sie sagen: »Du bist super, ich finde dich gut.«
- Und immer wieder: Lachen Sie und geben Sie sich mit Ihrer Hand dieses Zeichen der Wertschätzung.

Das fühlt sich gut an, oder? Und weiter: Lachen Sie sich zu, lachen Sie dieses wunderbare Wesen da im Spiegel an …

Humortechnik: Lachyoga

Lachend geht alles leichter! Das ist so einfach, wie es klingt: Geben Sie sich in Zukunft die Erlaubnis, auch ohne Grund laut lachen zu dürfen. Haben Sie nur keine Scheu. **Anfangs mag es sich komisch anfühlen, einfach so zu lachen. Doch das lässt sich überwinden.** Tipp:

 Schenken Sie sich eine feste Zeit, einmal am Tag oder einmal in der Woche, in der Sie Ihr Lachen trainieren.

Das Leben ist ein Wechselspiel von Spannung und Entspannung. Leider überwiegen in unserer modernen Gesellschaft oft die Anspannung und das Festhalten. Mit den folgenden Übungen können Sie einen natürlichen, gesunden und angenehmen Ausgleich aktiv und schnell herbeiführen.

Humor durch Üben festigen

Sobald wir etwas regelmäßig und intensiv üben, findet eine Verän-

---

☺ Übung: Lachyoga – Ausgleich schaffen

- Stellen Sie sich aufrecht hin, die Beine stehen hüftbreit auseinander. Beugen Sie sich aus dem Stand nach unten und atmen Sie dabei aus.
- Nun kommen Sie wieder nach oben. Atmen Sie tief ein und werfen Sie gleichzeitig Ihre Arme nach oben – sie gehen wie bei einem breiten Trichter nach außen.

- Lachen Sie jetzt laut, kräftig und aus vollem Herzen, solange Sie können.
- Und wieder beugen Sie sich nach unten, kommen dann hoch, werfen die Arme nach oben, führen sie trichterförmig nach außen und lachen …

Spüren Sie die wohltuende Wirkung?

Übung: Gute-Laune-Mix

- Stellen Sie sich aufrecht hin.
- Nehmen Sie ein großes imaginäres Mixglas in die linke Hand.
- Mixen Sie sich nun kraftvoll einen Lachcocktail mit dem Lachlaut Hi zusammen.
- Dazu geben Sie, während Sie lachen, das Hihihihi in das Mixglas.
- Jetzt führen Sie das Glas zum Mund und schütten den Inhalt, wieder mit einem kraftvollen Hihihi, in den Mund.
- Nun das Ganze mit Hehehe: Sie mixen lachend in Ihrem imaginären Mixglas ein Hehehe zusammen.
- Und Sie kippen sich den Drink mit einem Hehehehe in den Mund.
- Da könnte man fast zum Trinker werden, oder? Also, einer geht noch: Auf Hahahaha lachen, mixen … und trinken.

derung im Gehirn statt. Es bilden sich neue Verbindungen zwischen Gehirnzellen aus – ja es entstehen sogar neue Gehirnzellen. Der Bereich, den das Gehirn für die gelernte und trainierte Leistung verwendet, wird größer. Indem Sie also neue Elemente wie die Humortechniken im Alltag wiederholen werden verschiedene Funktionen des Gehirns intensiv aktiviert.

Stellen Sie sich vor, in Ihrem Gehirn gäbe es viele verschiedene Straßen und Wege. Das sind die Nervenbahnen. Je häufiger Sie etwas praktizieren, zum Beispiel Lachen, desto stärker bilden sich die Nervenbahnen in diesem Bereich aus. Dadurch können Impulse schneller weitergegeben werden. Handlungen sind dann fast automatisch abrufbar. Sie alle haben diesen Mechanismus unzählige Male erlebt. Zum Beispiel, als Sie Radfahren lernten.

Je häufiger Sie Humortechniken praktizieren, desto schneller stellt sich die gewünschte Wirkung ein: Schluss mit frustig! **Humortechniken können auch in Ihrem Leben ein wundervoller Kraftspender sein, wenn Sie es zulassen.** Sie müssen sich allerdings bewusst für den Humor entscheiden.

Fürs Lachen entscheiden

Angenehme und unangenehme Gefühle sind einfach Teil unseres Lebens. Wichtig ist nur, einen sinnvollen Umgang damit zu finden. Mithilfe der Humortechniken lernen Sie, Ihre Gefühle fließen zu lassen. **Sobald es Ihnen gelingt, Ihre Gefühle authentisch auszudrücken, wird sich auch Ihre Ausstrahlung positiv verändern.** Beginnen Sie gleich damit, es spie-

 ## Übung: Aggressionslachen

Diese Übung hilft Ihnen, Wut abzubauen, indem Sie richtig laut und albern sind. Stellen Sie sich dabei vor, Sie wären ein Kind, das gerade einige Streiche gemacht hat.

- Stehen Sie mit hüftbreit gespreizten Beinen und gehen Sie dann möglichst weit in die Knie.
- Halten Sie die Arme angewinkelt neben dem Körper.

- Jetzt reißen Sie den Mund und die Augen weit auf und schreien Hahaha. Dabei strecken Sie die Arme im Rhythmus weit nach vorn aus, die Hände geöffnet.
- Strecken Sie jetzt zusätzlich die Zunge heraus, rufen Sie laut Hehehe und drehen Sie dabei die offenen Hände.
- Wiederholen Sie die Übung mindestens zweimal.

 ## Angst bewältigen

Ängste können überwältigend oder nur ganz unterschwellig spürbar sein, diffus, aktivierend oder lähmend. Auf jeden Fall sind sie äußerst unangenehm und beeinträchtigen stark unser körperliches und seelisches Wohlbefinden.

Meistens spüren wir die Angst als Herzklopfen oder Rumoren im Bauch – deshalb konzentrieren Sie sich bei der Übung auch auf Ihre Herz- und Bauchregion. Wenn Sie sie regelmäßig wiederholen, bekommen Sie zunehmendes Vertrauen, dass Sie nicht ein Opfer Ihrer Emotionen sind, sondern diese bewusst und aktiv steuern können.

- Stehen, sitzen oder liegen Sie bei dieser Übung so bequem wie möglich.
- Legen Sie Ihre Hände auf Ihr Herz und Ihren Bauch.
- Schließen Sie die Augen und atmen Sie tief ein und aus.
- Lächeln Sie jetzt. Und wenn es Ihnen möglich ist, lachen Sie laut.
- Nutzen Sie dabei vor allem den Herzlaut »Ha«.
- Üben Sie eine halbe bis ganze Minute.
- Wiederholen Sie die Übung, bis Sie sich spürbar besser fühlen.
- Öffnen Sie die Augen und schauen Sie sich lachend um.

lerisch zu trainieren. Die Übungen auf dieser und der nächsten Seite können Ihnen helfen, Heiterkeit und Humor auch in schwierigeren Lebenslagen einzusetzen.

Vielleicht haben Sie anfangs Probleme mit dem Üben. Doch keine Sorge: Es ist so, als würden Sie eine neue Sprache lernen. Sie beginnen mit einigen wenigen Vokabeln, die

Übung: Das Schüttellachen

Mithilfe dieser Übung bauen Sie Stress ab. Stellen Sie sich dabei vor, Sie wären ein Pflaumenbaum, der geschüttelt wird. So wie die Früchte abfallen würden, fällt Ihre Anspannung ab.

- Stellen Sie sich in aufrechter Haltung hin.
- Beginnen Sie jetzt Ihren ganzen Körper zu schütteln und beziehen Sie den gesamten Rumpf, Arme, Beine und Kopf mit ein.
- Lassen Sie das Schütteln zunehmend intensiver und wilder werden.
- Lachen Sie dabei laut durcheinander: Hahaha, Hohoho, Hihihi, Hehehe, Huhuhu – wie Sie wollen.
- Machen Sie die Übung dreimal hintereinander, je eine halbe Minute lang.
- Spüren Sie kurz nach und gehen Sie mit Schwung in den Alltag.

Sie mühsam pauken, indem Sie sie konsequent wiederholen. Doch bald schon fällt es Ihnen leichter, sich in der fremden Sprache zurechtzufinden, und Sie können sich immer mehr Vokabeln am Stück merken. Ihr Wortschatz erweitert sich ständig, bis Sie die Sprache beherrschen und sie ein Teil von Ihnen ist. Doch Vorsicht! Bleiben Sie in diesem Sprachgebiet zu Hause! Hören Sie nicht auf zu parlieren! Sonst verlernen Sie das Gelernte wieder. So geht es vielen Menschen, die irgendwann einmal Englisch lernten, es aber nie benutzten. Nach und nach verschwinden die Vokabeln wieder und der Sprachfluss gerät ins Stocken. Das sollte Ihnen beim Humor und beim Lachen nicht passieren. Also bleiben Sie dran!

Neue Muster einüben

Die moderne Gehirnforschung hat herausgefunden, dass sich unser neuronales Netzwerk verkleinert, wenn wir stets nach den gleichen Vorstellungs-, Einstellungs- und Denkmustern leben, die die immer gleichen Verhaltens- und Reaktionsmuster nach sich ziehen. Diese Erfahrung habe auch ich gemacht in meiner Eigenschaft als Lachtherapeut in einer Rehaklinik. Viele Menschen denken und fühlen sich buchstäblich krank. Sie machen sich selbst krank und ähneln hierin den Stalleseln, die ihre Möglichkeiten nicht ausschöpfen. Den Eseln sei es verziehen, sie können nicht anders. **Doch wir Menschen können sehr wohl etwas ändern, wenn wir es wirklich möchten.**

Langfristig und konsequent trainieren

In der Rehaklinik werden die Patienten mit neuen Einstellungs-, Vorstellungs- und Denkoptionen vertraut gemacht, die kontinuierlich trainiert werden, und zwar über einen längeren Zeitraum von sechs bis acht Wochen hinweg. Bei der Tanztherapie lernen sie beispielsweise, Ja und Nein zu sagen. Bei jedem Nein strecken sie ruckartig die Hände und Arme nach vorn und rufen laut »Nein«. Beim »Ja« werden die Arme in die Höhe gestoßen. So wird das neue Verhalten auch über den Körper trainiert und gefestigt. Dies wirkt sich enorm effizient auf das Denken, Fühlen und Empfinden der Patienten aus.

> *»Wir sind, was wir denken. Alles was wir sind, entsteht mit unseren Gedanken. Mit unseren Gedanken formen wir die Welt.«* Buddha

 ## Übung: Humorvolle Menschen entdecken

Vielleicht gibt es auch in Ihrer Vergangenheit oder Gegenwart einen Menschen, der besonders fröhlich war oder ist? Hängen Sie ein Bild von ihm oder ihr an die Wand oder stellen Sie es gut sichtbar auf Ihren Schreibtisch. Das regt Sie an, das Leben so humorvoll zu betrachten wie dieser Mensch, der Ihnen gerne Vorbild sein darf.

Vielleicht gehört dieser humorvolle Mensch in die Zeit Ihrer Kindheit? Sie haben viel mit ihm gelacht? Umso besser! Erinnern Sie sich daran so oft wie möglich und lachen Sie auch in der Gegenwart mit ihm! Schreiben Sie sich auf, wann Sie mit anderen Menschen lachen und basteln Sie sich in der Erinnerung an diese Sternstunden einen Talisman, den Sie immer zur Hand nehmen, wenn Sie eine Extraprise Humor benötigen.

Vom armen Stallesel zum Gestalter werden

Wenn die Patienten gut mitgearbeitet haben und das Krankenhaus verlassen, stellen sie gravierende Veränderungen in ihrer Lebensqualität fest.

Sie haben nicht nur Gesundheit zurückgewonnen, sondern auch neue Verhaltensoptionen, die ihr Leben bereichern. Sie sind Gestalter geworden, denn sie haben verstanden, dass nur sie allein für ihr Leben verantwortlich sind und sonst niemand. Menschen, denen das bewusst geworden ist, haben entscheidende Vorteile gegenüber anderen. Kommt noch Humor dazu, dann sind sie ganz klar auf der Glücksspur. Warten Sie nicht, bis Sie in einer Rehaklinik landen. Fangen Sie schon jetzt damit an, Ihre neuen Optionen zu entdecken und auszudrücken.

Die Schnellstraße des Humors

Das Humorpotenzial, das Sie in sich tragen, können Sie mit einem untätigen Vulkan vergleichen. Er raucht vielleicht ein bisschen, aber was wirklich los ist, sieht von außen niemand. Einen aktiven Vulkan erkennt man schon von Weitem. Er sprüht vor Energie. Erwecken Sie Ihr Humorpotenzial, das in Ihnen steckt! Es ist mächtig und kraftvoll wie ein Vulkan!

Humortechnik: komische Figuren

Eine der schönsten Eigenschaften einer humorvollen Lebenshaltung ist die Lust am Scheitern, wie sie uns Clowns vorführen. Der Clown lebt seine Konflikte aus – frei nach dem Motto: wenn schon, denn schon. Wenn ich hinfalle, dann schon richtig. Wenn ich blöd bin, dann ein Vollidiot. Der Clown übt sich in der Kunst zu stolpern, was

ihn letztlich davor bewahrt, sich ernsthaft zu verletzen. Diese Technik trainiere ich zur großen Freude meiner Teilnehmer auch in meinen Humorseminaren. Wir verhalten uns wie spielfreudige Kinder, die vor Lust und guter Laune sprühen und dabei stets die Gunst des Augenblicks erhaschen. Humor gibt uns Anregungen, wie typische Alltagskonflikte spielend ohne Anstrengung gelöst werden können.

Nicht denken, sondern tun

Wenn Sie sich wie ein Clown benehmen, sind Sie automatisch auf der Schnellstraße des Humors unterwegs. Ein Clown denkt nicht darüber nach, wie er intellektuell oder sprachlich brillieren kann: Er macht einfach. So kann der Clown uns als Lehrmeister dienen. Er bemüht sich nicht darum, besonders witzig und rhetorisch überlegen zu sein. Er betrachtet die Welt mit den naiven Augen eines Kindes. Er fragt nicht lang nach dem Warum. Er nimmt, was kommt.

Übung: Witze sammeln wie Zitate

Schneiden Sie Witze oder Bilder aus, die Sie zum Lachen bringen, und erstellen Sie mit Ihrer Beute eine Collage. Hängen Sie diese Collage an einen Ort, wo Sie sich oft aufhalten. So erinnern Sie sich stets an die humorvolle Seite des Lebens.

Trauen Sie sich, unkonventionell zu reagieren

Angenommen, ein Mann sitzt bequem im Sessel, der Fernseher läuft. Seine Frau klappert beim Abwaschen. Laut aufbrausend ruft der Mann: »Kannst du nicht leiser sein!« Und die Frau erwidert: »Nein, ich mag es, wenn du so streng zu mir bist.«

Viele erwachsene Menschen haben sich eine schwere Rüstung aus Verhaltensregeln angelegt, die sie daran hindert, leicht und frei und spielerisch durch den Alltag zu

 ## Übung: Bürograu bunt machen

Kündigen Sie in einem Teammeeting oder im normalen Kollegenkreis an, Sie hätten ein Motivationsbuch gelesen und würden gern eine Übung daraus ausprobieren. Sie können noch hinzufügen: »Eigentlich würde ich mich so etwas nie trauen, aber in dem Buch steht, dass Mut ein wichtiger Aspekt der Motivation ist, und deshalb mache ich es trotzdem.« Geben Sie dann Ihren Kolleginnen und Kollegen der Reihe nach die Hand und fragen Sie freundlich lächelnd: »Stört es Sie, wenn ich anders bin?«

gehen. Mit dieser Rüstung lebt es sich unflexibel und angreifbar. Je weniger Rüstung Sie mit sich herumschleppen, je weniger Sie belastet, was »man« tun oder lassen sollte, desto geistesgegenwärtiger können Sie dem Leben begegnen. Oft führt das Wissen um Verhaltensregeln nämlich zu einem schlechten Gewissen, und das ist eine schwere Bürde für den Humor. Es wird Zeit, den Widersinn im Sinn zu erkennen und in Ihr Leben zu integrieren. Fragen Sie zum Beispiel nicht nach dem Sinn der Übung von Seite 100, denn genau das ist unser Problem: Dass wir für alles eine Erklärung brauchen und die Sicherheit, dass das, was wir tun, auch gut ankommt.

Probieren Sie es einfach aus! Mit paradoxen Interventionen begeben Sie sich auf die Straße des Erfolgs. Sie können dies auch ganz ordentlich tun, indem Sie ein Humortagebuch führen. Dort tragen Sie alle Erlebnisse, Begebenheiten und Erinnerungen ein, die Sie im Laufe Ihres Lebens zum Lachen brachten und bringen. Auch die Übung auf Seite 102 lädt Sie zum Lachen ein.

Humorbremse? Außer Betrieb!

Können Sie sich erinnern an die dunkelsten Stunden Ihrer Schulzeit? Nein, ich meine damit keine Prüfungen. Ich meine die lieben Kameraden. Gehörten Sie auch zu den Bedauernswerten, die hin und wieder gehänselt wurden? Ehrlich gesagt kenne ich fast niemanden, der davon kein Lied singen könnte! An jedem war doch was dran, das verspottet werden konnte. Der eine war zu blöd, der andere zu klug, die eine zu groß, die andere zu klein. Und wer ganz viel Pech hatte, war klein und blöd. Wir wurden ausgelacht, unsere Geheimnisse wurden verraten, wir schlossen uns zu Cliquen zusammen und wurden ausgestoßen, »geschnitten«, bekämpften uns oft verbal – manchmal auch

Übung: Schnappschuss

Fotografieren Sie sich mit Selbstauslöser in einer Pose oder mit einer Mimik, die Sie sich vor anderen nie trauen würden. Wissen Sie eigentlich, zu welchen tollen Grimassen Sie Ihr Gesicht verziehen können? Probieren Sie es aus! Und hängen Sie dieses Foto – es dürfen auch mehrere sein – an einer gut sichtbaren Stelle auf. Warum nicht im Büro? Dazu passt hervorragend das folgende Zitat von Shakespeare »Um ernst zu sein, genügt Dummheit, während zur Heiterkeit ein großer Verstand unerlässlich ist.«

durch körperliche Gemeinheiten: Ei über den Kopf, zwicken, knuffen. Um diesen Verletzungen zu begegnen beziehungsweise um nicht zu schmerzhaft von ihnen getroffen zu werden, bauten wir einen Schutzwall um uns auf und entwickelten Strategien, die uns dabei helfen sollten, unverletzlich zu werden.

Schutzwall vor Verletzungen

Dieser Schutzwall gehört auch heute noch zu unserer individuellen Persönlichkeit. Er ist jedoch nicht einfach ein glattes Stück Mauerwerk, hübsch bewachsen mit Efeu, hier sind auch die Narben und die Verbitterung emotionaler Misshandlungen beheimatet. Und zwar nicht nur aus der Zeit der Kindheit, sondern aus unserem ganzen Leben. Also auch Misshandlungen mittels destruktiven Humors und vernichtenden Lachens. Darunter verstehe ich: Auslachen, Hänseleien, zum Gespött werden.

Manchmal berichten mir Teilnehmer in meinen Seminaren, dass sie heute noch im Berufsalltag unter solchen Situationen leiden, die sie an früher erinnern, als sie zum Gespött der Klasse wurden. Sie bekommen dann Herzklopfen oder Schweißausbrüche und verlieren ihre souveräne Haltung. Das macht das Ganze natürlich nur noch schlimmer: »Schau mal, jetzt wird er auch noch rot!«

Mit Humor Verletzungen verwandeln

Kennen Sie so etwas? Und wissen Sie dann auch nicht, wie Sie aus dieser »Lachnummer« wieder herauskommen? Am besten ist es, den Spieß umzudrehen und sich nicht auslachen zu lassen, sondern selbst zu lachen. Doch wenn wir selbst Anlass zu einem Witz geben, ziehen wir oft die Humorbremse. Wir sind verletzt und wollen, dass das aufhört. Das ist auch richtig, doch wir sollten nur wollen, dass das Lachen bei den anderen aufhört, nicht bei uns selbst. **Also ziehen Sie niemals die Humorbremse in Ihrem eigenen Leben.**

Auch wenn es Ihnen in einer solchen Situation fast unmöglich erscheinen sollte, Lachen und Humor in Ihr Leben zu integrieren – es stellt die beste Lösung dar, um dem Gefühl des Ausgeliefertseins zu entkommen. Humor hilft uns dabei, die alten Verletzungen Stück für Stück in Kraft gebende Muster umzuwandeln.

Selbstbewusstsein trainieren

Der Trick, auf den es ankommt, lautet: Nehmen Sie die Dinge nicht persönlich – diesen Fehler machen fast alle Menschen. Einer der wichtigsten Aspekte des Humors ist es zu lernen, wie der Clown Ereignisse im Leben nicht auf sich zu beziehen (siehe Seite 101). Auch wenn Sie zum Beispiel schweißnasse Hände und einen für alle sichtbaren roten Kopf bekommen, können Sie Ihre Angreifer dennoch mithilfe der Judotechnik souverän mit einem Lachen oder einer humorvollen Bemerkung ausknocken. Alle bereits beschriebenen Humortechni-

Übung: innere Bilder verändern

Nehmen Sie sich ein paar Minuten Zeit und setzen Sie sich auf Ihren Lieblingsplatz. Horchen Sie in sich hinein: Gibt es Situationen, in denen sich Ihre gute Laune im Alltag schlagartig verändert? Versuchen Sie, nicht nachzudenken, sondern lassen Sie einfach nur innere Bilder aufsteigen. Gehen Sie im Geiste den Weg von Ihrer Wohnungstür zu Ihrem Arbeitsplatz. Welche Bilder kommen dabei hoch? Verschlechtert sich Ihre Laune, je näher Sie Ihrem Arbeitsplatz kommen?

Welche Bilder sind es genau, die Ihre schlechte Laune auslösen? Taucht das Gesicht eines Kollegen oder Ihres Chefs vor Ihrem geistigen Auge auf? Oh! Plötzlich trägt er eine wuschelig blonde Perücke. Was ist denn da los?

Was passiert nun mit Ihrer Laune? Experimentieren Sie damit, innere Bilder, die schlechte Laune heraufbeschwören, in humorvolle zu verwandeln, die Ihre Laune zum Glänzen bringen. Manchmal hilft es schon, sich die Menschen, die einem zum Beispiel auf dem Weg zur Arbeit begegnen, im geringelten Strampelanzug oder beim Sackhüpfen vorzustellen, um die Humorbremse zu lösen und die Laune zu steigern!

ken helfen Ihnen, mehr Selbstbewusstsein aufzubauen. Nur das Üben kann Ihnen keiner abnehmen. Selbstbewusstsein lässt sich nicht kaufen, sondern man muss es sich selber antrainieren. Indem Sie Ihre Ängste überwinden, mutig sind, sich verletzlich machen und aus Ihrer geistigen und körperlichen Trägheit ausbrechen. Und so allmählich den Schutzwall, den Sie um sich herum aufgebaut haben, durchbrechen. Wer wenig persönlich nimmt, braucht keinen mehr.

Fenster in den Schutzwall einbauen
Wenn Sie Ereignisse nicht mehr persönlich nehmen, dann stoßen Ihnen die Dinge im Leben nicht mehr zu, sie geschehen einfach. Kein Grund eingeschnappt zu sein und loszujammern, einfach durchatmen und weitermachen: Abenteuerspielplatz Leben! Wenn Sie das erkennen, können Sie neu und ohne Vorurteile auf das Leben zugehen. Deshalb sollten Sie sich öfter auch mal sagen: Ich muss mir dies und jenes von anderen nicht bieten lassen. Genauso wichtig ist es, sich öfter daran zu erinnern: Ich muss mir auch von mir nicht alles gefallen lassen. Immer wenn Sie merken, dass Sie sich Kraft nehmen, atmen Sie und machen Sie die Achtsamkeitsübung von Seite 54. Es geht immer um Wachheit und Bewusstsein. Wo stehen Sie sich gerade selbst im Weg? Was ist gut oder war gut daran? Was wollen Sie beibehalten oder verändern? Das erinnert Sie daran, dass Sie derjenige sind, der die Humorbremse in Ihrem Leben betätigt. Sie sind derjenige, der Spaß, Heiterkeit und Lachen ausschließt. **Auch wenn sich andere über Sie amüsieren. Gegen Humor gibt es nur eine Waffe: Humor!**

Von der Rolle zur eigenen Identität

Oft lassen wir uns Rollen durch verschiedene Gruppenzugehörigkeiten oder soziale Zwänge aufbürden, obwohl das nichts mit unserem wahren Selbst zu tun hat. Leider merken wir das oft gar nicht. Wir wollen dazugehören und erkennen nicht, dass wir einen hohen Preis dafür bezahlen: Wir verlieren Authentizität und werden zu routinierten Menschen, die in vorgegebenen Rollen erstarren. Wenn wir uns klarmachen, dass unsere wahre Identität nicht nur aus unseren Rollen besteht, die uns andere vorgeben, dann holen wir uns das Privileg zurück, mit dem Leben kreativ zu experimentieren.

Der Identität auf der Spur

Zu den Rollen, die wir einnehmen, gehören beispielsweise der Perfektionist, der Selbstkritiker, der Angepasste, der Humorlose, der Gute, der Verständnisvolle, der Taffe, der Hilfsbereite, der Ernste. Um sich seine wahre Identität Stück für Stück zurückzuerobern, gibt es ein wunderbares Hilfsmittel. Ich setze es regelmäßig bei Fortbildungen ein: Ein Seminarteilnehmer bekommt die Aufgabe, vor laufender Kamera drei Minuten lang über sich selbst zu sprechen, am besten über seine Stärken, Eigenheiten, seine Wünsche, Träume, Ziele. Meine aufmerksamen Teilnehmer beobachten dabei häufig, dass die Mimik und Haltung des Kollegen eher nach unten tendieren. Er oder sie schaut oft ernst, und die Schultern hängen gebeugt nach vorn. Die Vergangenheit lastet sichtlich schwer auf ihm oder ihr, selbst wenn über die Zukunft gesprochen wird. Häufig hört man Worte wie *eigentlich, vielleicht* oder ich *hoffe*.

In der folgenden Aufgabe soll der Teilnehmer drei Minuten lang über ein zugewiesenes Thema sprechen. Zum Beispiel Zitronenkuchen, Hamsterrad, Elefantensocken oder Pinguinhandschuhe. Mit so einem Begriff hat niemand gerechnet. Karriereplanung, ja. Lustigstes Erlebnis in der Vergangenheit, ja. Aber grüne Elefantensocken? Der Teilnehmer ist nun gezwungen zu improvisieren, um diese Aufgabe zu lösen. Das wiederum klappt nur, wenn er im Hier und Jetzt ist. Das merkt der Teilnehmer auch. Und so öffnet sich seine Körperhaltung, und auf einmal blitzen Lachen und Ausgelassenheit auf. Nicht nur bei demjenigen, der vorn steht. Auch bei seinem Publikum. Denn Fröhlichkeit steckt an.

Alte Rollen hinterfragen

Wenn ich den Teilnehmern den Film später vorführe, sind sie meistens sehr erstaunt darüber, wie groß der Unterschied in ihrer Mimik und Körperhaltung ausfällt.

Humortechnik: Perspektivenwechsel – seien Sie Sie selbst

Drehen Sie mit Ihrer eigenen oder eincr geliehenen Kamera Ihren eigenen Videoclip:

Sprechen Sie drei Minuten lang über sich selbst und im Anschluss drei Minuten über Elefantensocken oder Pinguinhandschuhe. Vielleicht möchten Sie diese Übung auch mit einem sehr guten Bekannten durchführen. Schauen Sie Ihren Clip danach an. Sie werden staunen, von welcher Seite Sie sich dabei entdecken! Regelmäßig angewendet oder sogar mit professioneller Hilfe durchgeführt – es gibt Spezialisten für Videocoaching – kommen Sie Ihrer wahren Identität, Ihrem Lachen und einer humorvollen Lebenshaltung einen Riesenschritt näher.

Beim Improvisieren wirken alle wesentlich lebendiger! Durch diese kleine Übung erkennen die Teilnehmer, dass die Vergangenheit uns oft im Weg steht, wenn wir die Zukunft versüßen wollen. Oft kommen wir nicht mal in der Gegenwart an, die wir durchqueren sollten, um in der Zukunft zu landen, weil wir in der Vergangenheit hängen bleiben. Und in den alten Rollen, die wir längst hätten ablegen sollen. Rollen ziehen uns förmlich in die Vergangenheit. Das merken Sie, wenn Sie die Übung oben machen. In der Vergangenheit liegen oft olle Kamellen in Form von Klischees, von Erlebnissen und Mustern, die wie uns im Laufe der Jahre antrainiert haben. **Überprüfen Sie von Zeit zu Zeit kritisch, ob Sie die Rollen, die Sie spielen, noch gern innehaben.** Wenn Sie zum Beispiel im sozialen Bereich arbeiten ist das Klischee für Sie noch angebracht, dass Sozialarbeiter ein großes Herz haben? Oder sind Sie schon ausgebrannt, weil Sie über Jahre hinweg immer selbstlos für andere da waren, nur nie für sich selbst? Vielleicht haben Sie sich aber auch für den soliden Anwaltsberuf entschieden, um dem Sicherheitsdenken Ihrer Eltern zu genügen, obwohl Sie viel lieber Künstler geworden wären? Werden Sie noch verfolgt von kraftraubenden Erlebnissen aus der Vergangenheit wie zum Beispiel Scheidung oder Krankheit? Übernehmen Sie diese Rollen noch gern? Oder ist jetzt ein Wechsel angesagt?

Von der Tribüne auf die Bühne

Wir alle kennen den Unterschied. Auf der Tribüne konsumieren wir, gähnen auch mal, und es soll Leute geben, die dort einschlafen. Auf der Bühne schläft nur derjenige, zu dessen Auftritt das gehört. Auf der Bühne sind wir total da. Absolut präsent, aufmerksam und aktiv.

Die meisten Menschen verbringen ihr Leben auf der Tribüne – und beschweren sich gern darüber, dass sie ihr Dasein dort fristen müssen. Doch sind sie nicht insgeheim auch froh darüber? Denn die Bühne ist gefährlich. Dort ist Aktion gefragt, nicht Reaktion. Und Hilfe! Wer weiß, was da passieren könnte. Ganz einfach: Das Leben!

Endlich aktiv werden

Manchmal kommt es mir so vor, als wäre zu all den Sportarten, die wir schon kennen, eine neue hinzugekommen: die des Zuschauens. Überall ist dieses Phänomen zu beobachten. Vor allem bei Unfällen. Vielleicht kommt das daher, dass wir gewohnt sind zu konsumieren. Wir lassen uns gern unterhalten und ziehen das Entertainment dann wie ein Netz über weite Bereiche unseres Lebens. Aktiv werden? Nein danke! Bei dieser »Bedrohung« werden wir sogar kreativ und finden tausend Möglichkeiten, warum wir nicht aktiv werden wol-

Übung: Humortechnik komische Figur – die Clownsnase

Kaufen Sie sich eine rote Clownsnase und setzen Sie diese, wann immer Sie dazu Lust verspüren, auf – und zu Beginn auch, wenn Sie gar keine Lust haben, sondern nur den nötigen Mut. Zum Beispiel im Auto bei Stau. Im Berufsalltag in der Mittagspause, zu Hause beim Kochen, auf dem Laufband im Fitnessstudio, wenn Sie Ihre Eltern besuchen, wenn Sie morgens Ihre Brötchen kaufen. Es gibt unendlich viele Gelegenheiten für die Clownsnase. Sie passt fast immer, weil sie nie zu passen scheint. Eines spüren Sie dabei garantiert: Sie betreten die Bühne des Lebens, und das freut andere Menschen und Sie selbst. Hinweis: Gewiss, wenn Sie in einer Bank arbeiten und mit der Nase im Gesicht bei Ihrem Chef um eine Gehaltserhöhung bitten, werden Sie mit diesem Argument wohl kaum punkten. Sie müssen die Nase auch nicht minutenlang aufbehalten. Einmal kurz leuchten lassen. In der Mittagspause. Und dann lachen. Wetten, die anderen lachen mit? Und dann stecken Sie sie an: Magst du auch mal? Reichen Sie die Clownsnase weiter; reichen Sie das Lachen und die Freude weiter.

len oder können. Kriegt man davon nicht Muskelkater? Lieber zurück in die Komfortzone.
Wann entlarven Sie Ihre Entschuldigungen? Wann legen Sie einen Jammerstopp ein? Wann trauen Sie sich auf die Bühne?

Auf der Lebensbühne

Wissen Sie, was passiert, wenn Sie sich öfter auf der Lebensbühne tummeln? Sie entwickeln Ihr Lebensgeschenk. Sie packen sich selbst aus! Zum Vorschein kommt, was Sie wirklich sind.

> *»Viele Menschen versäumen das kleine Glück, weil sie auf das große vergeblich warten«*
>
> Pearl S. Buck

Sich selbst auszuwickeln bedeutet vor allem, dass Sie sich nicht mehr einwickeln lassen von anderen. Dass Sie wissen, was Sie wollen, und den Mut haben, es auch in die Tat umzusetzen. Sich selbst auszuwickeln bedeutet, dass Sie jeden Tag so leben, als wäre es der letzte. Es gibt nur diesen Tag. Sie erkennen, was Ihnen selbst das Wichtigste im Leben ist. Daraus resultiert, dass Sie Eigenverantwortung übernehmen und klar und deutlich Ja oder Nein sagen. Sie erkennen, dass alle Menschen in einem Boot sitzen und wir alle gleich sind und dasselbe suchen, nämlich ein glückliches Leben. Glück haben liegt zum Beispiel in unserem Einflussbereich, obwohl wir das meistens nicht glauben. Wenn wir jedoch wie in der eben vorgestellten Übung aktiv werden, erzeugen wir glückliche Gefühle, wir gehen mit flinken Schritten auf das Glück zu. Wir dürfen nicht wie die meisten Menschen darauf warten, dass es irgendwann zu uns kommt. Indem wir mutig sind, uns verletzlich machen und schließlich unsere Ängste überwinden, holen wir es aktiv in unser Leben. Betreten Sie jetzt Ihre Lebensbühne!

Die drei Ebenen des Glücks

Psychologen definieren Glück als eine extrem starke, positive Emotion und einen vollkommenen Zustand intensiver Zufriedenheit. Dies spüren wir zum Beispiel durch große Freude, Begeisterung, Entzücken, Wachheit, Bewusstheit, eine positive Wahrnehmung und Erinnerung, gesteigertes Selbstwertgefühl, Selbstzufriedenheit, ein positives Selbstkonzept, soziale Aufgeschlossenheit, Spontaneität, Flexibilität sowie schöpferische Kraft und Kreativität, um nur einige Merkmale zu nennen.

Das Glück ins Leben zurückholen

All diese Eigenschaften lebten wir als Kinder aus, zumindest so lange, bis sie uns abtrainiert wurden. Aber wir können sie uns zurückholen. Jeder Mensch kann das. Auch Sie. Selbst wenn Sie das im Moment vielleicht gar nicht glauben mögen. Es ist machbar!
Wie es im Zitat auf der vorherigen Seite so schön heißt, übersehen wir im Alltag oft das Glück. Denn es ist in jedem Leben ein kleines Glück zu finden, davon bin ich felsenfest überzeugt, und ich glaube sogar an das große Glück. So verrückt bin

ich! **An uns liegt es, wie aufmerksam wir sind, ob wir das Glück, das uns begegnet, auch erkennen können.** Wollen wir es sehen und spüren? Wollen wir es annehmen und uns von ihm leiten lassen? Vielleicht inspirieren Sie die folgenden drei Ebenen, um das Glück in Ihrem Leben zu erkennen.

Die erste Ebene: Glück haben
Glück zu haben, das liegt meist außerhalb unseres Einflusses. Wir hoffen darauf, dass dies oder jenes eintreffen möge, aber wir können es nicht beeinflussen – oder wir glauben, wir könnten das nicht. Hier kommt das Glück als Zufall oder als Lottofee auf uns zu. Manche Menschen behaupten, es gebe Glückspilze und Pechvögel. Wer davon überzeugt ist, ein Pechvogel zu sein, verschließt damit die Tür vor dem großen und auch dem kleinen Glück! Das sollten Sie sich bewusst machen! Mit einer solchen Aussage ziehen Sie genau das an, was Sie sagen. Wäre es nicht besser,

sich als Glückspilz zu bezeichnen und somit das Glück zu sich nach Hause zu locken?

Die zweite Ebene: sich glücklich fühlen

Sich glücklich zu fühlen liegt innerhalb unseres Einflussbereichs. Wir können uns ein positives Umfeld schaffen, das funktioniert auch mit Kleinigkeiten wie zum Beispiel einem Strauß Blumen auf dem Tisch oder einem Vogelhäuschen, das wir im Winter aufstellen. Wir können auch gute Gefühle entwickeln, indem wir uns auf unsere Kraftspender konzentrieren. Hirn- und Glücksforscher haben herausgefunden, dass Glücksgefühle als Folge von Hormonen und Botenstoffen entstehen. Diese können wir durch positives Denken auch bewusst in uns selbst erzeugen. Ist das nicht großartig? Somit sind wir im Alltag weniger von äußeren Glücksfaktoren abhängig und können schwierigen Situationen entgegensteuern (siehe auch Übungen Seite 95). Wir sind also sprichwörtlich unseres Glückes Schmied!

Die dritte Ebene: glücklich sein

Beim Glücklichsein sind wir bei uns selbst angekommen und haben die Erkenntnis integriert, dass wir vollkommen sind. Hier geht es vorrangig nicht mehr um Gefühle und Hormone, sondern darum, dass uns die inneren Glücksverhinderer – auch in Form von unbewussten Konditionierungen und Glaubenssätzen – nichts mehr anhaben können. Unsere wahre innere Definition lautet nun: Ich bin glücklich! Statt Glücksgefühle zu schaffen, indem wir äußere Umstände steuern oder glücklich machende Emotionen erzeugen, ist das Glück als eine Konstante in unserem Inneren etabliert und stets abrufbar. So wird aus dem Tun ein Sein, das nur im Jetzt stattfindet. Dieser Zustand ist bekannt unter dem Ausdruck Glückseligkeit. Selig sein hat seinen Ursprung in der Seele, also im Innersten. Erst durch die Rückbesinnung auf uns selbst sind wir in der Lage, wahres Glück und Glückseligkeit zu erfahren und als Seinszustand zu verankern. Letztlich resultiert daraus wiederum unser Denken, Fühlen und Handeln.

Von Ebene eins zu drei
Wenn Sie die drei Ebenen des Glücks näher betrachten, kommen Sie vielleicht auch zu dem Schluss, dass Sie als Kind in der dritten Ebene zu Hause waren – im Zustand des reinen ursprünglichen Glücks. **Um wieder dorthin zu gelangen, machen Sie sich bereit, bei Ebene eins zu beginnen, damit Sie schließlich erneut bei der dritten Ebene anlangen und Lachen und Freude in Ihrem Leben wieder selbstverständlich werden.**

 ## Übung: heimkommen ins Glück

Erinnern Sie sich an Ihre Glücksgefühle in der dritten Ebene. Holen Sie sich dieses großartige Gefühl zurück, indem Sie die Eigenarten von anderen Menschen spiegeln. Sie kennen diese Technik von Straßenkünstlern, die unsere Fußgängerzonen bevölkern. Ein Mensch macht einen anderen nach. Kinder lieben das. Und genau das wollen Sie erreichen. So zu sein wie ein Kind in der dritten Ebene:
Also suchen Sie sich jemanden aus, der glücklich wirkt, und machen Sie ihn nach. Das kann ein Kollege sein, ein Verwandter oder ein Freund. Wiederholen Sie die Sätze, die Ihr Gegenüber spricht, und zwar im selben Wortlaut und mit derselben Aussprache. Imitieren Sie auch Mimik, Gestik, Körpersprache. Ergötzen Sie sich an Ihrem Mut und der Freude am Spiel. Gehen Sie ganz darin auf. So fühlt es sich an, daheim zu sein. Willkommen im Glück!

Lebenslust
statt Lebensfrust

*Lassen Sie los, um das Leben zuzulassen. Sich immer wieder neu an Veränderungen anzupassen, macht das Leben **interessant und spannend.***

DAS GEGENTEIL VON LOSLASSEN IST FESTHALTEN. Es bedeutet, das Leben bewahren zu wollen und somit immer auf derselben Stelle zu treten. **Aber im Leben verändert sich nun einmal ständig etwas.** Die Jahreszeiten wechseln, das Wetter, Menschen verändern sich, die ganze Welt wandelt sich. Das Leben besteht, wenn wir das bewusst wahrnehmen, aus Unsicherheit. Also tun wir alles, um uns sicher zu fühlen. **Wir sind aber nicht auf dieser Welt, um sicher zu sein, sondern um unsere Fähigkeiten in den Dienst der Unsicherheit zu stellen.** Diese Fähigkeiten heißen Spontaneität, Kreativität, Mut, Gelassenheit, Achtsamkeit, Anpassungsvermögen und so weiter. In der modernen Gesellschaft müssen wir uns keine Mühe mehr geben, sie anzuwenden, denn wir brauchen uns nur noch vor den Fernseher zu setzen und dann bekommen wir alles frei Haus geliefert: die Sicherheit auf dem bequemen Sofa und all die anderen Eigenschaften in Form von Fernsehshows, Krimis & Co. Langsam, aber sicher verkümmern auf diese Weise unsere Fähigkeiten, die uns als Mensch so einzigartig machen und von unseren Vorfahren unterscheiden. Nachfolgendes Rezept fasst zusammen, worauf Sie achten sollen, wenn Sie weiterhin nichts daran ändern wollen.

Ihre Glücksspirale nach oben

Viele Menschen streben nach Dingen, die ihnen in der Zukunft Glück bescheren sollen. Die Zukunft verheißt mehr Glück und Zufriedenheit als die Gegenwart. Ist das nicht ein Denkfehler? Glück findet, wie Sie schon im letzten Kapitel gesehen haben, doch im Jetzt statt. Und genau dort können Sie es finden.

Niemals bekommen wir die Fülle in der Zukunft zu spüren, wenn wir die jetzige Fülle um uns und in uns nicht wahrnehmen. Seien Sie für das dankbar, was gerade ist. Viele Menschen haben keine Zeit dafür. Sie hecheln jeden Tag durchs Leben, als würde es ihnen davonlaufen. Und das tut es im Übrigen auch, wenn man ihm nachhetzt. Dieses Verhalten geht auf Kosten der Wahrnehmung und Dankbarkeit für das, was gerade jetzt ist. Wenn etwas Ihre volle Aufmerksamkeit verdient, dann ist es das

Jetzt, in dem sich Ihr Leben abspielt. Sie können keine Zeit hinzugewinnen. Deswegen brauchen Sie auch nicht immer schneller zu werden und immer mehr zu machen. Die Zeit gehört uns nicht. Sie können Sie nicht einsparen oder verlängern. Sie können aber eines machen: den Augenblick genießen. Ein Sprichwort sagt »Nicht der Tage im Leben erinnern wir uns, sondern der Augenblicke.«

Wie Sie erfolgreich weiterleiden

Die meisten Menschen vergessen, den Augenblick zu genießen, weil sie entweder mit der Vergangenheit oder der Zukunft beschäftigt sind. Ihre Gedanken kreisen entweder um zurückliegende Kränkungen und um alte Denk- und Verhaltensmuster, sodass sie sich immer wieder selbst im Bewährten, Vertrauten bestätigen. Oder ihr ganzes Denken ist auf die Zukunft gerichtet: »Wenn ich die fünf Kilo endlich los bin …, wenn die Kinder erst mal aus dem Haus sind …, dann geht das Leben aber los!« In beiden Fällen ist das Ergebnis dasselbe: Es passiert gar nichts. Starr und bequem halten diese Menschen an ihrer Komfortzone fest.

Wenn Sie weiterhin festhalten und Ihr altes Leben bewahren wollen, dann brauchen Sie nur folgende Punkte zu beachten:

- Seien Sie niemals dankbar für Ihr Leben.
- Grübeln Sie über die Vergangenheit nach.
- Machen Sie sich Sorgen um die Zukunft.
- Vergessen Sie, dass das Leben jetzt stattfindet.
- Sagen Sie so oft wie möglich: »Aber …«, »Ich hoffe …«, »Warum?«, »Das ist aber schwierig«, »Das geht nicht«, »Das kann ich nicht«, »Wenn das nicht wäre, dann …«,»Von wegen!«, »Ich kann überhaupt nichts dafür«, »Du hast ja leicht reden!«

- Lehnen Sie Veränderung ab.
- Freuen Sie sich bloß nicht!
- Halten Sie das Alte ganz, ganz fest.
- Vergessen Sie niemals, was geschehen ist.
- Nehmen Sie keine Entschuldigung an.
- Merken Sie sich genau, wer Ihnen wann was angetan hat.
- Geben Sie niemals auf, was Sie schon haben.
- Denken Sie nie daran, dass Sie Ihr Leiden aushalten, obwohl Sie es eigentlich nicht wollen.
- Zollen Sie sich selbst keinen Respekt.
- Machen Sie Ihre Laune vom Geld abhängig.
- Begegnen Sie sich selbst wie jemandem, den Sie nicht mögen.

Wie Sie erfolgreich weiterleben

Sollten Sie Ihr Leben jedoch feiern wollen, dann lege ich Ihnen die folgenden Ratschläge ans Herz:

- Entschleunigen Sie Ihr Leben.
- Genießen Sie den Augenblick.
- Schulen Sie Ihre Wahrnehmung.
- Freuen Sie sich an den einfachen Dingen im Leben, zum Beispiel an einem Apfel. Wie sehr können Sie sich über einen kleinen, saftigen Apfel freuen?
- Freuen Sie sich an Gerüchen, an Farben, am Geschmack der Dinge, die Sie umgeben.
- Nehmen Sie Ihren Körper wahr. Von oben bis unten. Schenken Sie ihm das, was er braucht. Regelmäßige Bewegung gehört genauso dazu wie Ruhe und Entspannung.
- Fahren Sie Ihren persönlichen Beschleunigungsprozess herunter. Es geht nicht um schneller, besser, weiter. Es geht nur ums Ankommen im Jetzt.

Dankbarkeit sollte nicht erst entstehen, weil wir wegen diesem und jenem glücklich sind, sondern Glücklichsein entsteht aus der Dankbarkeit des Augenblicks. Und wenn es noch so schwierig erscheinen mag im Leben: Sie können allem auch etwas Gutes abgewinnen. Und genau das zeichnet uns Menschen aus: Wir können in schier aussichtslosen Lagen das Ruder herumreißen. Auch Sie können das.

Konzentrieren Sie sich auf das Positive in Ihrem Leben

Mir wurde das sehr deutlich, als ich monatelang im Krankenhaus lag und alles verloren war, was ich besessen hatte. Gesundheit, Familie, Firma, Haus, Besitz. Alles weg. Es gab nur noch mich. Das Ende? Nein, ein neuer Anfang. Ich las in dieser Zeit viele Biografien von Menschen, denen es noch schlechter ergangen war als mir, auch Lebensberichte der Kriegsgeneration. Diese Schilderungen machten mir Mut. Was mir dabei besonders auffiel, war, dass sich diese Menschen auf Dinge konzentrierten, die ihnen noch möglich waren. Sie sagten zum Beispiel: »Früher konnte ich tausend Sachen machen, heute mit meinem Handicap nur noch zweihundert. Aber die mache ich richtig und voller Freude.« Deswegen erfreuen auch Sie sich an den Dingen, die Sie können. Konzentrieren Sie sich auf das, was gut klappt, stellen Sie nicht solche Dinge in den Mittelpunkt, die andere können, die in der Vergangenheit liegen oder die Sie auch gern erreichen würden. Seien Sie dankbar dafür, was ist, wer Sie sind, wie Sie sind, wie Sie leben, und erweitern Sie Schritt für Schritt Ihr Wirkungsfeld. Schritt für Schritt! So klappt das dann auch. Alles klappt, wenn Sie sich aktiv auf Ihre Fähigkeiten besinnen. Und vergessen Sie nie, sich in prekären Situationen die Frage zu stellen: »Wenn ich schon leiden muss, was kann ich dieser Situation Positives abgewinnen, was soll mir diese Lebenssituation sagen, was lerne ich daraus? Durch die vielen kleinen Übungen in diesem Buch können Sie genau das sprichwörtlich üben: **Kämpfen Sie nicht gegen Unsicherheit und Ungewissheit an, sondern gehen Sie darauf zu.**

Dankbarkeit schulen

Wenn Sie alle Übungen spielerisch ausprobieren, werden Sie entdecken, dass sich Furcht in Freude verwandeln kann. Um noch mehr Freude ins Leben zu holen, lege ich Ihnen das folgende Schlemmer-

»*In dem Ausmaß, in dem wir aufhören, gegen Ungesichertheit und Ungewissheit anzukämpfen, in dem Ausmaß löst sich unsere Furcht auf.*« Pema Chödrön

programm ans Herz. Vielleicht werden Sie, wenn Sie dieses Programm zum ersten Mal lesen, »So ein Quatsch« denken – oder sagen. Doch geben Sie dem Ganzen eine Chance und probieren Sie es einfach aus, denn Sie können dadurch Ihre Dankbarkeit für den Augenblick schulen. Und vielleicht entsteht ja so ein Augenblick, an den Sie ewig zurückdenken.

Weisheitslehre

Der Weisheitslehrer Osho hat Folgendes weitergegeben: »Ich sage dir, das Leben ist kein Gefängnis, es ist keine Strafe. Es ist eine Belohnung, und es wird nur denen gegeben, die es verdient haben.

Jetzt ist es dein Recht, es zu genießen; es ist Sünde, wenn du es nicht genießt. Du handelst gegen die Existenz, wenn du sie nicht verschönerst, wenn du sie einfach wieder so verlässt, wie du sie vorgefunden hast. Nein, hinterlasse die Welt ein bisschen glücklicher, ein bisschen schöner.«

Das 21-Tage-Schlemmerprogramm für Gourmets

Nun, da wir fast am Ende dieses kleinen Coachings angelangt sind, wissen Sie selbst, worauf es ankommt. Sie wissen, wie Sie Geschmack am Leben gewinnen können, Sie haben keine Lust mehr auf ein Dasein als Wiederkäuer, denn Sie haben Ihre Geschmacksknospen zum Blühen gebracht. Willkommen im Club der Gourmets! Damit Sie im Training bleiben, habe ich ein 21-Tage-Schlemmerprogramm für Sie entwickelt. Selbstverständlich können Sie auch ein paar Gäste dazu einladen. Im Kreis der Liebsten genießt und lacht es sich doch gleich noch viel besser! Ich wünsche Ihnen von Herzen viel Freude dabei!

So funktioniert's

● 1. Tag: Achtsamkeit
Wenn Sie morgens die Augen öffnen, bleiben Sie noch liegen und sehen sich drei Minuten lang im

Schlafzimmer um. Nehmen Sie die Details der Einrichtung wahr. Oder achten Sie auf Ihr Körpergefühl. Wie geht es Ihnen? Wiederholen Sie diese Übung jeden Tag. So schulen Sie Ihre Aufmerksamkeit im Jetzt und Hier.

● **2. Tag: Gute Laune**
Hüpfen Sie nach dem Aufstehen in der Wohnung herum und lachen Sie den neuen Tag an. Wiederholung jeden Tag erwünscht.

● **3. Tag: Loben**
Klopfen Sie sich, wenn Sie in der Früh in den Spiegel schauen, auf die Schultern und sagen Sie sich: »Schön, dass es dich gibt.« Wiederholung ratsam.

● **4. Tag: Musik**
Legen Sie so oft wie möglich gleich morgens Ihre Lieblingsmusik auf und nehmen Sie die Lebendigkeit dieser Musik ganz und gar in sich auf. Wiederholung empfohlen.

● **5. Tag: Bewegung**
Tanzen Sie auf Ihre Lieblingsmusik. Ihre Seele dankt es Ihnen. Wiederholung macht Freude!

● **6. Tag: Geschenk**
Schenken Sie heute einem Menschen, der es nicht erwartet, etwas Kleines. Zum Beispiel ein Taschenbuch, eine Kerze, frisches Obst. Und freuen Sie sich über seine Überraschung und Freude.

● **7. Tag: Geschenk**
Schenken Sie sich heute selbst eine Kleinigkeit, an der Sie sich wirklich freuen. Wie wäre es mit einem bunten Blumenstrauß oder Ihrem Lieblingswein?

● **8. Tag: Lachen**
Lachen oder lächeln Sie heute auf dem Weg in die Arbeit oder im Büro fünf Menschen an, bei denen Sie sonst nie auf die Idee kämen, sie anzulächeln beziehungsweise die Sie bisher noch nie angelacht haben.

● **9. Tag: Essen**
Essen Sie heute etwas Leckeres, das Sie noch nie zuvor gegessen haben.

● **10. Tag: Trinken**
Trinken Sie heute etwas Wohlschmeckendes, das Sie noch nie zuvor getrunken haben.

● 11. Tag: Farbe

Kaufen Sie sich farbige Socken, am besten geringelte, und tragen Sie diese nicht nur heute.

● 12. Tag: Abziehbilder

Besorgen Sie sich Abziehbilder, die man auf die Haut kleben kann. Kleben Sie einige auf den Arm und verschenken Sie den Rest.

● 13. Tag: Kino

Laden Sie heute einen guten Freund oder eine gute Freundin zu einem lustigen Film ins Kino ein.

● 14. Tag: Süßigkeit

Kaufen Sie sich heute eine Süßigkeit, die Sie als Kind gern gegessen haben. Vielleicht war das etwas ganz besonders Buntes? Verschenken Sie einen Teil davon an andere oder essen Sie die Süßigkeiten zusammen mit jemandem.

● 15. Tag: Kochen

Kochen Sie heute ein besonders buntes Gericht mit mindestens fünf verschiedenen Farben.

● 16. Tag: Lesen

Lesen Sie eine Zeitschrift, die Sie noch nie gelesen haben.

● 17. Tag: Bad

Nehmen Sie ein duftendes Vollbad mit Kinderbadefarben, die gibt es in rot, gelb und blau in Spielwarengeschäften und Drogeriemärkten.

● 18. Tag: Atmen

Gehen Sie mindestens drei Minuten ganz bewusst an die frische Luft, am besten in Ihrer Mittagspause, und atmen Sie intensiv ein und aus – und lächeln Sie dabei.

● 19. Tag: Witz

Suchen Sie sich einen Witz, der Ihnen gut gefällt, aus der Zeitung oder aus dem Internet heraus und erzählen Sie ihn Ihren Freunden und Bekannten.

● 20. Tag: Telefonieren

Rufen Sie einen Menschen an, den Sie aus den Augen verloren haben und sehr schätzen. Miteinander zu sprechen hat eine ganz andere Qualität als eine SMS oder Email zu schreiben.

● 21. Tag: Friseur

Probieren Sie mal einen anderen Friseur aus. Vielleicht sogar eine andere Frisur? Wie wäre es mal mit

> *»Freude und Schönheit tanzen immer an jenen Orten, wo Augen sich offen begegnen.«*   Andreas Tenzer

Strähnchen? Trauen Sie sich, machen Sie gleich einen Termin aus und lassen Sie sich beraten.

Prisen anerkennen

Kleinigkeiten? Als Gourmet werden Sie das nicht behaupten, denn Sie wissen, dass es Prisen sind, die das Leben in ein wohlschmeckendes Gericht verwandeln. Hier eine Prise Salz, dort etwas Zimt oder Kardamom und wenn es drauf ankommt auch mal Chili. Aber nie eine ganze Schote. Immer nur einen Hauch davon: Das schöne Leben besteht aus vielen solcher Hauchs, und wenn Sie jedem Tag Freude einhauchen, wird Ihr ganzes Leben ein Fest des Frohsinns, und es fällt Ihnen leicht, das Geschenk Leben auszuwickeln! Auch ein Lächeln ist so ein Hauch.

Zugabe: zwei Motivationshappen

Obwohl ich selbst jeden Tag lache, obwohl ich selbst Lebensfreudeseminare gebe, passiert es mir auch hin und wieder: Ich stecke fest. Ein Tag entpuppt sich als alles andere als »mein« Tag. Irgendetwas klappt nicht so, wie ich das möchte. Und auch mir kann das Wetter mal aufs Gemüt schlagen. Die nachfolgenden beiden Motivationshappen haben mir bis heute aus jedem kleinen Tief geholfen. Deshalb möchte ich sie Ihnen zum Abschied mit auf Ihren weiteren Weg geben. **Kleiner Aufwand, große Wirkung!**

Erstes Häppchen

Stellen Sie sich vor Ihrem geistigen Auge vor, Sie stünden am letzten

Tag Ihres Lebens. Stellen Sie sich die Frage: Was möchte ich am letzten Tag meines Lebens über mich sagen können, was ich aus meinem Leben gemacht habe?

Zweites Häppchen

Dieser Tipp stammt aus einem meiner Lieblingsbücher »The Big Five for Life« von John Strelecky (siehe Bücherempfehlungen Seite 126). Stellen Sie sich vor, Ihr ganzes Leben, jeder Tag würde katalogisiert werden. Ihre Gefühle, die Menschen, mit denen Sie zu tun haben, die Dinge, mit denen Sie Zeit verbringen. Am Ende Ihres Lebens wird anhand dieses Katalogs ein Museum errichtet – und zwar originalgetreu. Wenn Sie achtzig Prozent Ihrer Zeit mit einem ungeliebten Job verbracht haben, werden achtzig Prozent Ihres Museums mit Exponaten gefüllt, die diesen Job symbolisieren. Wenn Sie den Großteil Ihres Lebens als griesgrämiger Stallesel gefristet haben, werden Sie die passenden Requisiten in einem Großteil der musealen Räumlichkeiten finden. Wenn Sie viel Zeit in der Natur verbracht haben, wird der Freilichtbereich Ihres Museums großzügig gestaltet sein. Wie sind Sie anderen Menschen begegnet? Es wird sich spiegeln in der Art und Weise, wie die Museumswärter mit den Besuchern umgehen. Kommen dann überhaupt welche, wenn es heißt, dass dieses Museum ein außerordentlich unzufriedenes, unfreundliches Personal beherbergt?

Fragen Sie sich nun: Wie soll Ihr persönliches Museum aussehen? Welches Museum möchten Sie am Ende Ihres Lebens besichtigen? Wie fühlen Sie sich bei der Vorstellung, dass die Menschen, die Sie gekannt haben, ihre Erinnerungen an Sie durch dieses Museum wachhalten? Es ist kein Museum der Träume. Hier befindet sich nichts, was Sie sich gewünscht haben. Hier begegnen Sie der nackten Wahrheit. *Sieht diese Wahrheit so aus, wie Sie es gern hätten?*

Mein persönliches Museum
Ich für meine Person habe beschlossen, mein Lebensmuseum mit Fülle und Vielfalt zu bestücken. Die Besucher sollen staunen, wie ich meine Einzigartigkeit gelebt habe. Und Sie sollen mich darin wiedererkennen und gut in Erinnerung behalten: »Typisch Christoph, Elefantensocken!« Die Besucher sollen viel lachen in meinem Museum. Und vielleicht hört mich der eine oder andere dann mitlachen. Denn es gibt nichts, was uns mehr verbindet als Lachen, und vielleicht können wir das sogar über alle Grenzen hinweg miteinander tun. Wenn dieses Buch einen Funken der Fröhlichkeit in Ihnen entzündet hat – bitte geben Sie diesen Funken weiter. **Das Geheimnis des Lebens ist Geben.**

 ## Der Werkzeugkasten für mehr Lachen und Freude im Alltag

- Finden Sie Möglichkeiten, spielerisch den Tag zu gestalten und Herausforderungen ernst zu nehmen, ohne sich selbst über die Maßen wichtig zu nehmen.
- Wenn Sie den Tag beginnen, entscheiden Sie sich dafür, diesen Tag zu einem guten Tag zu machen.
- Wenn Sie merken, dass Ihre Energie nachlässt, finden Sie jemanden, der Hilfe braucht, ein Wort der Unterstützung, ein Lächeln oder einen aufmerksamen Zuhörer – und bereiten Sie ihm einen schönen Tag.
- Behandeln Sie sich selbst so, als wären Sie Ihr bester Freund, den Sie respektieren, unterstützen, aufmuntern, loben und zu dem Sie bedingungslos ehrlich sind.

Bücher, die weiterhelfen

Emmelmann, Christoph, Lachyoga mit CD, GRÄFE UND UNZER VERLAG

Engelbrecht, Sigrid, Lass los, was deinem Glück im Weg steht, GRÄFE UND UNZER VERLAG

Holtbernd, Thomas, Humorzitien, Aschendorff Verlag

Holtbernd, Thomas, Macht Glauben glücklich?, Echter Verlag

Osho, Leben, Lieben, Lachen, Innenwelt Verlag

Pizzecco, Toni, Optimismus-Training, GRÄFE UND UNZER VERLAG

Patsch, Inge und **Titze, Michael,** Humor-Strategie, Kösel 2010

Salcher, Andreas, Der verletzte Mensch, Ecowin 2009

Schönburg von, Alexander, Die Kunst des stilvollen Verarmens, Rowohlt 2005

Strelecky, John, The Big Five for Life: Was wirklich zählt im Leben, dtv 2009

Filme, die weiterhelfen

Adams, Patch, DVD 2003

Lachyoga 1, DVD 2005: www.aktuell-film.de

Lichtenstein, Demian; Die Gabe. Warum wir hier sind, DVD Scorpio 2010

Das Seminar zum Buch »Schluss mit frustig«

Humor als Erfolgskonzept für Alltag und Beruf.
Humor wird nach wissenschaftlichen Erkenntnissen und Untersuchungen mitlerweile als lern- und entwickelbare Fähigkeit betrachtet, die als Bewältigungsstrategie bei Berufs- und Alltagsproblemen immer mehr an Bedeutung gewinnt. Erleben Sie bei diesem Seminar, wie befreiend es ist, Körper und Seele mit Lebensfreude anzureichern und durch neue Impulse das Vertrauen in die eigenen Fähigkeiten zu stärken.

Information und Anmeldung unter **www.leide-nicht-lebe.de** oder direkt bei Christoph Emmelmann unter **www.christoph-emmelmann.com**

Übungsregister

Projektleitung:
Nikola Hirmer

Lektorat:
Angela Hermann-Heene

Innenlayout, Typographie und Umschlaggestaltung:
independent Medien-Design, Horst Moser

Cover: Plainpicture; Artwork: independent Medien-Design, Horst Moser, München

Syndication:
www.jalag-syndication.de

Satz: Knipping Werbung GmbH, Berg/Starnberg

Herstellung:
Susanne Mühldorfer

Reproduktion:
Longo AG, Bozen

Druck:
Printed in China

ISBN
978-3-8338-2120-2
1. Auflage 2011

GRÄFE UND UNZER

Ein Unternehmen der
GANSKE VERLAGSGRUPPE